- 教育部2024年度高校思想政治工作质量提升综合改革与精品建设项目"高校辅导员名师工作室"研究成果
- 教育部2022年度"高校思想政治工作中青年骨干队伍建设项目"研究成果

新时代高等院校思想政治教育研究丛书

分类指导 科学规划

高校学风建设的实践路径与育人案例

刘雅然 孙 伟 ◎ 著

华中科技大学出版社
http://press.hust.edu.cn
中国·武汉

内 容 简 介

本书围绕高校学风建设进行理论研究和实践探索的系统梳理。在理论研究上，通过搭建"全过程关注学生学业表现的学生发展指导体系"，构建大学生行为习惯四维模型（TELS模型）、基于生涯发展理论的学生个性化学业指导模型等。在实践探索上，构建"大学生学业发展与大学规划"课程体系、大学生学习支持团体工作坊、个性化个体咨询平台等，构建全方位激发学生学习动力的工作机制。"分类指导、科学规划"，通过开展高校学风建设的理论研究和实践探索，精准化了解学生的成长规律，个性化支持学生的发展，助力学生个体的全面成才。

图书在版编目(CIP)数据

分类指导 科学规划：高校学风建设的实践路径与育人案例 / 刘雅然，孙伟著. -- 武汉：华中科技大学出版社，2024.8. --（新时代高等院校思想政治教育研究丛书）. -- ISBN 978-7-5772-1130-5

Ⅰ. G649.2

中国国家版本馆 CIP 数据核字第 2024023TE5 号

分类指导　科学规划：
高校学风建设的实践路径与育人案例　　　　刘雅然　孙　伟　著

Fenlei Zhidao　Kexue Guihua：Gaoxiao Xuefeng Jianshe de Shijian Lujing yu Yuren Anli

策划编辑：周晓方　张馨芳
责任编辑：刘　凯
封面设计：原色设计
责任校对：张汇娟
责任监印：周治超

出版发行：华中科技大学出版社（中国·武汉）　　电话：(027) 81321913
　　　　　武汉市东湖新技术开发区华工科技园　　邮编：430223
录　　排：华中科技大学出版社美编室
印　　刷：湖北恒泰印务有限公司
开　　本：710mm×1000mm　1/16
印　　张：11　插页：2
字　　数：183千字
版　　次：2024年8月第1版第1次印刷
定　　价：58.00元

本书若有印装质量问题，请向出版社营销中心调换
全国免费服务热线：400-6679-118　　竭诚为您服务
版权所有　侵权必究

序言

本书围绕高校学风建设进行理论研究和实践探索的系统梳理，聚焦服务学生发展的核心目标，开展学生发展的规律性问题研究，实现对学生发展规律的"精准分析"，在基于学生成长规律的基础上进行个性化的思政教育供给，满足学生的个性化发展需求，从而实现助力学生全面成才的工作目标；在服务学生个性化发展需求的过程中，开展学生成长的规律研究、学生发展的个性化支持实践；同时在实践过程中不断提升思政工作队伍的理论素养、指导能力、研究能力、职业能力，使其成为学生发展指导的行家里手，不断提升专业化、职业化的育人能力。

学校有关高校学风建设研究和实践工作的开展，源于2011年。在针对一批学业问题学生进行帮扶、支持和指导的过程中，学校探索形成了一些较好的工作方法，工作成效突出、辐射推广作用明显，在育人方面和工作影响力上产生了一定的成效。在对学生个案的分析、研究和实践的基础上，学校探索建立院系层面的学生学习支持中心，进行团体工作坊、个体咨询等专业化的学业发展支持工作，通过不断思考、实践、总结和凝练，探索工作路径，优化工作方法，完善育人体系，初步形成了专业化的学生发展支持工作建设框架。2018年4月，经学校批准，建立校级层面的"大学生发展支持辅导员工作室"，组建由多个院系辅导员组成的辅导员工作室，面向全校学生开展学生发展支持工作，如开展常态化的个体咨询、团体工作坊等，在新生入学教育、专业认知教育、学生课程辅导、能力提升培训等方面开展了多元化的支持工作,工作覆盖超万名学生,产生了一定的育人实效,有效助力了学校的人才培养体系建设。"大学生发展支持辅导员工作室"获批教育部2024年度高校思想政治工作质量提升综合改革与精品建设项目"高校辅导员名师工作室",为进一步开展高校学风建设和专业化的学业指导工作提供了更好的发展平台。

"大学生发展支持辅导员工作室"围绕高校学风建设,以立德树人根本任务为引领,立足学生发展的实际需求,支撑学校的学风建设、育人品牌建设,积极培育优良学风。通过广泛开展新时代大学生成长发展规律研究,开展多元化的学生学业促进、能力提升和发展领航等方面的指导工作,实施个性化、精准化、专业化的学生发展指导与研究工作,引领学生全方位发展,在育人实效、工作成效等方面均有较好的成绩。

在实践工作上,积累丰富的实践基础。围绕学生发展指导工作,进行大量实践探索,包括构建"大学生学业发展与大学规划"课程体系、构建"大学生学习支持团体工作坊"工作体系、搭建"个性化个体咨询"工作平台、开展"一二三四五"学生发展支持活动等。同时,构建全方位激发学生学习动力的工作机制,探索实施优良环境氛围营造、激发人文成长因素的工作体系,形成了一批具备较好育人实效的工作方法和育人体系,通过多个层面、多个维度、多个方法来帮助学生成长,解决学生成长困惑,供给知识体系,提升综合能力。

在理论研究上,构建学生发展模型。围绕大学生成长规律研究,构建大学成长发展模型,通过问卷调研、个体访谈、实践观察等方式,全面了解学生成长规律和发展规律,积累了丰富的学生成长规律数据和研究成果,同时也培养了扎实的理论功底和研究基础。通过建立"全过程关注学生学业表现的学生发展指导体系",记录学生成长表现,关注学生发展需求,提供学业发展支持。通过开展大学生行为习惯研究,构建大学生行为习惯四维模型(TELS模型),进行"自律型、管教型、拖延型"学业指导。通过开展大学生学习动力促进机制研究,有效激发学生个体的学习动力,能够帮助学生提升学习兴趣、提高学习效率。通过开展特殊个案的学业指导研究,在学生个体特性研究和生涯发展策略的学生个性化指导策略研究的基础上,探索建立基于生涯发展理论的学生个性化学业指导模型等。

通过多年的研究与实践，学校已经积累了一定的实践工作成果、理论研究成果和育人实效。

在实践工作成果方面，形成了一批典型工作方法、工作案例、工作品牌。工作案例获全国高校思政工作案例一等奖，授课视频获高校辅导员网络培训百门精品课程，面向本科生开展"大学生学业发展与大学规划"工作坊，团队代表先后赴英国、比利时参加2017年全球学业指导大会（NACADA 2017 International Conference，UK）和2019年全球学业指导大会（NACADA 2019 International Conference，Belgium），在大会做报告时分享的学生发展指导方法获得认可，相关的学业指导工作经验也得到了国内同行的认可，产生了一定的示范效应。

在理论研究成果方面，全方位融入学校和院系人才培养体系。团队主要成员参与获得2023年国家级教学成果二等奖1项、2022年省教学成果特等奖1项；参与教育部高校思想政治工作精品项目、教育部高校思想政治工作中青年骨干队伍建设项目等；主持湖北省学生工作精品项目重大资助、教育部思政研修中心、教育部教指委等课题多项；发表学生思政论文多篇，成果获得高校创新创业论文二等奖、全国高校思政工作优秀论文三等奖、湖北省统战理论创新成果一等奖等多项奖励。

在育人实效方面，形成了学生主动研学、求学的良好风气。在学生的学业发展、创新创业、就业创业等方面取得一定成效，培育出教育部"闪亮的日子"就业创业人物、中国大学生自强之星、长江学子等国家级、省级典型学生个体，以及全国高校活力团支部、全国全省社会实践优秀团队、省级研究生样板党支部等典型学生集体；学生获"挑战杯"全国主体赛一等奖、揭榜挂帅特等奖擂主、中国国际"互联网＋"大学生创新创业大赛全国银奖等省级及以上各类科技创新竞赛奖项100余项，更有一批学生在服务西部建设、参军入伍、基层治理、国防军工等领域中做出突出成绩。

"分类指导、科学规划"，开展高校学风建设的理论研究和实践探索，坚持"精准、个性、全面"的工作理念，目标是精准了解学生的成长规律，个性化支持学生的发展，助力学生个体的全面成才。首先，坚持"精准"理念。要精准把握学生个体的成长规律，进行全面的学生成长规律研究和探索，坚持遵循思想政治工作规律、遵循教书育人规律、遵循学生成长规律,进行大数据调研和分析,构建学生成长和发展模型,精准把握学生个体的成长规律。其次,坚持"个性"理念。每个学生个体的成长经历不同,未来发展的需求不同,要注重分类指导,真正挖掘学生个体的潜能,进行充足的个性化发展支持,因人施策、因材施教,在深度挖掘每个学生个体特点的基础上,制定个性化的学生发展指导方案,进行有针对性的成长发展供给,满足学生个性化的发展需要。最后,坚持"全面"理念。通过构建集规律探索、知识供给、能力培育等多位一体的学生发展支持体系,进行科学化指导、科学化规划,全方位支持学生的发展,满足学生德智体美劳全面发展的需求,真正培育出一批理想信念坚定、专业知识扎实、综合素质优秀的学子。

  本书希望通过开展高校学风建设的理论研究和实践探索,吸引更多高校学生工作者对高校学风建设的关注,推动高校学业指导工作专业化发展,为高校学生思想政治工作的专业化发展、辅导员队伍的专业化发展贡献一点力量,助力高校一流人才的培养。

作 者

2024 年 3 月

目 录

第一章
方略篇·学风建设的实施框架研究 1

"分类指导、科学规划"——大学生学业指导模式的研究与实践 / 3
高校学风建设研究:理论阐述、实践基础与路径建构 / 19

第二章
理论篇·大学生的学习与发展规律 33

全面成才:基于拔尖创新人才培养的学业指导工作体系 / 37
分类指导:个性化学业指导模式及路径探论 / 48
学生工作的体制创新:现实困境、改革思路、体制优势 / 56
中英高校学生支持体系对比研究:历史溯源、特点剖析与
　发展启示 / 63
基于大学生行为习惯分析的学业指导方法 / 72
基于生涯发展理论的个性化人才培养模式探索 / 79

第三章
方法篇·因材施教的学业指导方法　87

认识大学与我的大学——我的大学我做主 / 90

自我认知与专业认知——找到认知的"金钥匙" / 94

融入大学与分类规划——找准大学学习的风向标 / 97

学习奥秘与高效学习——费曼带你轻松学习 / 100

思维导图与课程学习——打开系统学习的"藏宝箱" / 105

时间管理与战"拖"——如何掌控自己的生活和时间 / 108

文本制作与技能提升——教你熟练掌握PPT、Word等文本工具 / 111

写作技巧与沟通能力——让你变得能说会写 / 114

学业成就与未来发展——叩开人生的敲门砖 / 118

第四章
故事篇·蜕变与成长的故事与启示　121

发掘内因的学业指导个案分析 / 124

基于生涯规划理论的学生发展指导工作方法 / 131

第五章
案例篇·优秀学子的学习方法技巧　139

优秀学子案例一：谋定而后动，专注、坚持 / 143

优秀学子案例二：学习需要计划、合作、交流 / 145

优秀学子案例三：功在平时、科学规划 / 148

优秀学子案例四：兴趣是最好的老师 / 152

优秀学子案例五：多看、多做、多问、多思考 / 154
优秀学子案例六：充分利用碎片化时间 / 156
优秀学子案例七：明确自己的学习目标 / 159
优秀学子案例八：养成良好的学习习惯 / 161
优秀学子案例九：实现精力与时间的合理匹配 / 164
优秀学子案例十：在多维锻炼平台中提升能力 / 167

第一章

方略篇·学风建设的实施框架研究

"分类指导、科学规划"
——大学生学业指导模式的研究与实践

摘　要：以"个性化教育、精准化指导"为目标，结合个性化教育理念，实施精准化学业指导，探索建立"二三三"学业指导模式。具体的工作思路围绕三个层面：一是从"理论研究维度、实践探索维度"两个方面开展，以学习科学理论（Learning Science）、学生发展理论（Student Development）为理论模型，探索形成"大学生学习成长模型"，构建"大学生学习支持工作平台"；二是针对"自律型、管教型、拖延型"三类学生群体，开展大学生行为习惯探索，建立大学生行为习惯四维模型（TELS模型）、大学生学习动力促进机制、基于生涯发展理论的学生个性化学业指导模型等；三是实施"课程指导、团体工作坊、个体咨询"的三项工作举措，建立"大学生学业发展与大学规划"课程体系、"大学生学习支持团体工作坊"工作体系、"个性化个体咨询"工作平台等。在育人实效方面，体现在学生个体成长和集体发展上，帮助学生改变学习状态、提升学习效率、获得学业成功，培育一批优秀学子，培养一批先进集体。

关键词：个性化教育；精准化指导；学业指导

随着时代发展，高等教育朝着差异化、精准化、个性化方向发展，这是一种趋势。注重挖掘每一个学生个体的发展潜力和成长潜能，满足学生个体的发展需要，成为当前高等教育的现实需要和发展趋势。当前，学生思想政治工作的发展，也开始逐步从"大水漫灌式"到"精准滴灌式"转变，更加凸显对学生个体的关注和支持，因此，进行差异化、精准化、个性化的学生发展指导显得尤为重要。

高校学风建设直接影响学生个体的发展和学校教育教学成效的体现，高校学风建设状况也备受社会各界关注。围绕学风建设工作要求，开展专业化的学业指导是一种有效的探索，全球很多高校都在探索学业指导的方式和方法。国外高校通过建立区域性学业指导联盟，包括全球学业指导协会（NACADA）、英国 LearnHigher 联盟和英国辅导与咨询协会（UKAT）等机构，逐步形成了专业化的学业指导工作体系和工作方法，可供我们学习借鉴和参考。在国内，清华大学于 2009 年首次成立大学生学习与发展指导中心。2015 年 1 月，清华大学召开第一届北京高校学业辅导工作会。2017 年 5 月，北京工业大学牵头成立北京市高等教育学会学业辅导研究分会。2017 年 10 月，清华大学组织召开第一届全国高校学生学习与发展工作研讨会，之后每年都会组织一次全国性的学业指导工作会议，为国内同行在该领域的探索与实践提供平台。国内高校的学业指导工作逐步从萌芽进入专职化阶段，从零散型进入联盟型阶段，从简单化进入多样化阶段。

作为一种探索实施精准化的学业指导模式，"二三三"学业指导模式围绕学生个体的学业发展，聚焦提升学习技能、激发学习动力、促进学业成功，推进"个性化教育、精准化指导"的学业指导工作有效实施，帮助学生获得学业成功。

一、工作思路：聚焦学生学业发展的育人路径探索

以"个性化教育、精准化指导"为目标，探索建立"二三三"学业指导工作路径。具体的工作思路围绕三个层面，一是推进"理论研究维度、实践探索维度"两个方面开展工作，二是针对"自律型、管教型、拖延型"三类学生群体开展工作，三是建立"课程指导、团体工作坊和个体咨询"三项工作举措，围绕学生发展推进实施个性化、精准化的学业指导工作。

（一）工作主题

大学生学业指导模式以"'个性化教育、精准化指导'——探索建立'二三三'学业指导工作路径"为主题，以大学生学习支持与发展指导为目标，注重在学生学业发展中实施分类指导、科学规划，体现个性化服务、人性化关怀。针对学生个体的发展需求，采取科学化的指导方法，以学习科学理论（Learning Science）、学生发展理论（Student Development）为理论模型，聚焦满足学生的个

体发展需求，帮助学生制定科学化、个性化的学业发展规划，助力学生获得学业成功。

在工作方法上，注重实施学业发展支持的分类指导和推进科学规划，实施个性化教育和精准化指导。同时，以学习科学理论、学生发展理论为理论支撑，帮助学生制定科学化、个性化的学业发展规划。

在工作平台上，"二三三"学业指导模式以学生个体为对象、以学习规律为重点、以指导方法为抓手，开展学生分类学业指导、特殊个案的学业发展研究、大学生学习动力促进机制研究、大学生学习风格与指导策略研究、大学生行为习惯研究、"互联网＋学业指导"研究等，探索形成"大学生学习成长模型"。探索构建以"课程指导、团体工作坊和个体咨询"为主的"大学生学习支持工作平台"，建立学业指导课程教学平台、学习支持团体工作坊平台和学业咨询平台。

通过研究和实践，结合学生成长和发展中的各类问题，结合前人研究的成果，探索实施诊断性学业指导模式、干预性学业指导模式、建构性学业指导模式、鼓励性学业指导模式、发展性学业指导模式的"五位一体"学业指导模式。以"大学生学习支持工作平台"为培养平台，帮助学生合理规划自己的学业，建立个性化、科学化的学业规划，从而获得学业成功。

（二）理论支撑

"二三三"学业指导模式以大学生学习支持与发展为主要工作内容，开展专业化的学业指导工作，探索以学生发展理论、学习科学理论为理论研究基础，通过学生发展理论和学习科学理论帮助我们有效探索学生发展规划、科学推进学生发展指导工作。

一是有效运用学生发展理论。学生的学业发展受到各种因素的影响，目前已经有大量学者对学生的学业发展进行研究，从心理学、教育学、社会学和经济学等多个角度出发，分析对学生学业表现产生影响的因素。对于学生的学业发展问题，国内外学者一致认同要用"发展"的眼光来看待，要注重关注学生的长远发展、未来规划，注重进行发展性指导，注重发掘学生的自主发展潜能。高等教育不仅要进行知识的传递，实施教育、管理、服务和指导，更要激发学生的内在动力,鼓励学生自主成长和自我发展。基于学生发展理论,我们探索将学生的学业发展和未来规划进行统筹,注重从长远的角度考虑,建立科学的学业指导工作体系,帮助学生进行科学的学业规划。

二是有效运用学习科学理论。学习科学来源于认知科学家对学习问题的研究,随着研究的不断深入,出现了很多新的研究,比如,认为"学习是知识的建构、学习是知识的社会协商、学习是参与实践的共同体"等。学习科学流派和学习科学理论的正式形成,使得基于案例库的学习科学、注重学习环境设计的学习科学、跨学科领域的学习科学,以及构建知识学习共同体理念的学习科学理论逐渐形成。学习科学理论可以帮助我们更加科学、更加有效地对学生开展学业指导工作。

(三)实践路径

在具体的实施路径上,围绕建立"课程指导、团体工作坊和个体咨询"三项工作举措,聚焦学生发展,推进实施个性化、精准化的学业指导工作。

围绕精准化的大学生学业指导工作,"二三三"学业指导模式从"研究+实践"两个维度开展工作,研究方面注重探索学生成长规律、形成学生成长模型,实践方面注重育人实效、构建育人平台。在理论研究方面,探索形成大学生学习成长模型,注重针对不同类别的学生个体、不同阶段的问题开展分类指导,形成学生成长模型。从而依托学生成长模型开展实践探索,尊重学生个体特性、学生学业发展规律和学业指导工作规律,探索建立以"课程指导、团体工作坊和个体咨询"为主的大学生学业成长支持平台。

1. 建立"大学生学习成长模型"

做好大学生学业发展指导,首先应该做好大学生的成长和发展规律调研,利用大数据分析策略,形成大学生学习成长模型。大学生的成长和发展规律调研与大学生学习成长模型的建立可以从三个方面开展。

一是以学生个体为研究对象。实施"分类指导、因材施教",关注大学生个体的差异性,注重发掘学生个体的潜力。注重做好优秀学生的学业发展调研分析、一般型学生的学业发展调研分析、困难型学生的学业发展调研分析。做好特殊个案的学业发展研究，包括开展家庭贫困学生的学业发展调研分析等。

二是以学习特性为研究对象。做好大学生学习特性研究、学习习惯分析、学习风格研究等。深入开展大学生学习动力促进机制研究，大学生学习风格与指导策略研究，大学生行为习惯、学习投入与学习成效、自主学习与学习成效研究，大学生学习能力影响因素、自律性学习方法研究等。

三是以指导方法为研究对象。开展"互联网＋学业指导"研究，研究互联网平台在开展学业指导工作中的作用，研究互联网思维在提升学生学习成效方面的作用，研究互联网工具在提升学生学习效率上的作用。开展探索学习科学理论与学生学业发展的结合，帮助学生形成学习建构思维、学习建构方法，形成知识建构能力。开展学业指导方法探索，包括开展诊断性学业指导方法研究、干预性学业指导方法研究、建构性学业指导方法研究、鼓励性学业指导方法研究、发展性学业指导方法研究等。

2. 搭建"大学生学习支持工作平台"

一是构建"大学生学业发展与大学规划"课程体系。围绕大学生的学业发展需求，从规划、认知、方法、能力、交流和成就着手，从帮助学生做好学业规划、实现自我认知、获得学习方法等几个角度讲授。通过课程教学的方式，设置包括"认识大学与我的大学""自我认知与专业认知"等教学内容，构建全方位的学业成长支持教学课程平台。

二是构建大学生学习支持团体工作坊工作体系。围绕学生学业发展的多个主题，探索团体工作坊的工作模式，开展互动式、团体式的学业指导工作。针对学业问题学生和学习优秀学生分别开展引导型学业指导和发展型学业指导，以解决学生的问题、探索发展性的指导方法，构建大学生学习支持团体工作坊体系。

三是构建"大学生个体咨询"工作平台。个体咨询包括专职学业指导老师"一对一"咨询、专任教师兼学业指导老师"一对一"咨询、同辈辅导师个体咨询等。个体咨询采取"一对一"交流的方式进行指导，咨询导师由专职学业指导老师、专任教师和优秀学生组成，面向全体学生开放咨询，聚焦解决学生发展中的各类实际问题。

二、规律研究：构建基于学生发展规律的"大学生学习成长模型"

每个学生的特点不同，发展路径不同，成长需要也不同。针对个体实施精准指导，需要有效探索学生成长规律，建立学习成长模型。重点针对"自律型、管教型、拖延型"三类学生群体开展规律研究，具体通过实施优秀学生的学业发展调研分析、一般型学生的学业发展调研分析、困难型学生的学业发展调研分析，实施分类调研和分类研究，结合不同类型学生特点开展研究工作。

（一）大学生行为习惯研究

从学生个体的学业发展特点而言，可以将学生学习特点分为"自律型、管教型、拖延型"三类学生群体。基于三类不同学生个体的行为习惯分析，通过构建大学生行为习惯四维模型（TELS模型），采取思维习惯养成方法、情绪习惯管理方法、生活习惯养成方法、学习习惯养成方法等策略，进行自律型学业指导、管教型学业指导、拖延型学业指导，实施有针对性的学业指导工作。

基于大学生行为习惯研究，建立一种以大学生行为习惯分析为基础的学业指导方法，具体从以下几个方面开展工作。

（1）基于大数据的优秀学生的行为习惯分析。行为习惯包括思维习惯、情绪管理习惯、生活习惯、学习习惯等。通过大数据分析，了解优秀学生在学习过程中的一些共性特征，包括一些较好的思维习惯、较好的情绪管理习惯、较好的生活习惯等，形成优秀学生的共性特征。

（2）基于大数据的学业问题学生的行为习惯分析。聚焦存在学业困难的学生群体进行调研，了解学生的行为习惯特点、学习方式方法等，初步进行学业问题的根源性分析，分类了解学生在思维习惯、情绪管理习惯、生活习惯、学习习惯等方面的特点，形成学业问题学生的共性特征。

(3) 建立大学生行为习惯四维模型（TELS模型），见图1。通过前期的优秀学生、学业问题学生的大数据调研，获得两类不同学生的思维、情绪管理、生活、学习习惯特点，并进行差异化分析。结合四个维度的具体内容，开展十三个方面能力的特征分析，具体包括思维习惯方面的逻辑能力、创造能力、思考能力，情绪管理习惯方面的适应能力、抗压能力、逆商，生活习惯方面的生活作息、时间管理能力、事务管理能力，学习习惯方面的归纳总结能力、分析研究能力、交流讨论能力、资料挖掘能力。结合十三个方面学生的综合表现进行分析，初步形成大学生行为习惯影响学业表现的三种主要类型：自律型、管教型、拖延型。自律型学生主要表现为自我管理能力较强，管教型学生需要一定的外在力量支持，拖延型学生则需要进行针对性的发展指导。

(4) 基于大学生行为习惯四维模型（TELS模型）的差异化发展指导。针对不同大学生的行为习惯特点，进行针对性的学业指导，即通过采取思维习惯养成方法、情绪管理习惯养成方法、生活习惯养成方法、学习习惯养成方法这四个主要策略，对三种主要行为习惯类型的学生分别进行自律型学业指导、管教型学业指导、拖延型学业指导。

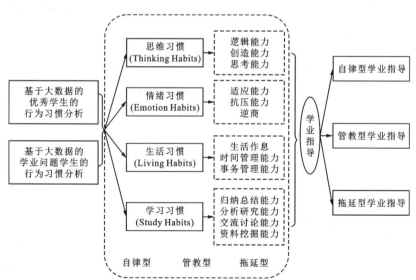

图1 大学生行为习惯四维模型（TELS模型）

（二）大学生学习动力促进机制研究

学习动力是大学生学业提升的重要因素，有效激发学生个体的学习动力，使学生形成自主学习的内驱动力，能够帮助学生提升学习兴趣、提高学习效率，从而促进学生获得学业成功。结合"自律型、管教型、拖延型"三类不同学生群体进行针对性的指导，探索建立大学生学习动力的促进机制。

三类不同学生群体的学习动力呈现不同的变化趋势。对于"自律型"学生，其学习动力呈现稳步上升的趋势，针对低年级学生，更多的是做好平台支撑和资源支持，而针对高年级学生，更多的是加强选择指导，帮助学生做好学业规划，为学生发展搭建成长平台；对于"管教型"学生，其学习动力呈现曲折式上升的趋势，需要进行"管教型"学业指导，提供必要的指导和管理，在学习动力出现下滑的情况时，及时进行有效督导和精准指导，针对低年级学生重点做好时间管理指导，而针对高年级学生重点做好发展规划指导，同时加强在培养过程中的资源支持和平台支持，既要有鼓励性支持，也要有惩戒性措施；对于"拖延型"学生，其学习动力呈现波动性变化，容易出现较长的低谷期，需要进行合理的鞭策和激励指导，包括进行学习方法指导、时间管理指导和行为习惯引导，帮助学生解决"拖延"问题和"惰性"习惯。不同类型学生的学习动力促进机制研究见图2。

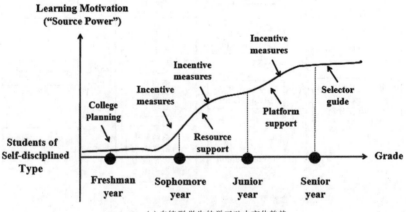

(a)自律型学生的学习动力变化趋势

图2　不同类型学生的学习动力促进机制研究

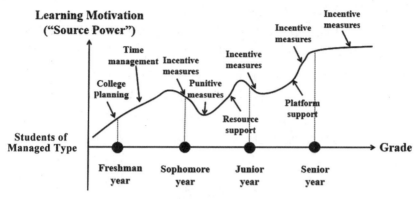

(b) 管教型学生的学习动力变化趋势

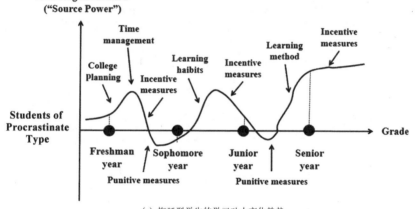

(c) 拖延型学生的学习动力变化趋势

续图 2

因此，结合三个不同类型的学生的学习动力变化机制，进行有针对性的指导和科学引导，有效激发学生的学习动力，从而实现差异化指导，有效提升学生的学习动力。

(三)"互联网＋学业指导"工作模式研究

有效运用互联网平台资源，推进互联网平台在开展学业指导工作中的育人作用；研究互联网思维在提升学生学习成效方面的作用，探索互联网工具在提升学生学习效率上的影响；推进建立基于线上教学的学业指导工作，从线上学业指导工作队伍、线上学业指导工作平台、线上学业指导工作渠道等多个维度着力,构建基于线上教学的学业指导工作体系。这些都是有效的探索。

探索基于线上教学的学业指导工作,要积极推动传统教学模式的改革发展,要遵循"终身学习""知识共享""媒体融合""学以致用"的理念。在具体实施路径上,可以通过建立基于线上教学的学业指导工作平台,创建"名师云工作室""线上学业金课""学业互动平台"等工作平台,着力构建基于线上教学的学业指导工作体系,不断促进学生的学业成功。基于线上教学的学业指导工作体系见图3。

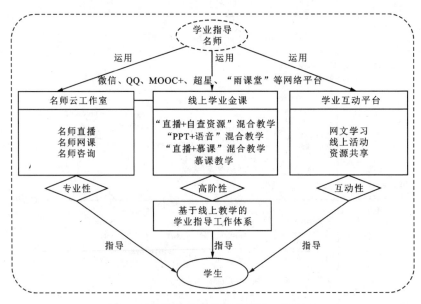

图3 基于线上教学的学业指导工作体系

(四)基于个案的个性化学业指导研究

学生群体中存在不同类型的个体特征,有些学生学习基础薄弱、有些学生学习习惯不佳、有些学生的学习方法不好等,同时,第一代大学生的学习特点、独生子女大学生的学习特点、Z世代青年大学生的学业发展特点等都存在一定的规律性和差异性。要积极探索不同类型学生的特点,建立基于特殊个案的学业指导方案。

以第一代大学生个体的发展为例,开展第一代大学生的学业发展调研分析、家庭贫困学生的学业发展调研分析等。在学生个体特性研究和学生个性化指导策略研究的基础上，探索形成基于生涯发展理论的学生个性化学业指导模型，开展自律型学业指导、管教型学业指导和拖延型学业指导。

影响大学生个性成长的三个因素为环境因素、人文因素和特殊事件因素。在指导过程中，通过对大学生进行职业测评和综合能力评价，结合职业测评结果和个人综合表现，形成学生成长环境和人文因素影响力指标权重。围绕目标定位、自我认知、平衡分析等方面进行重点指导，在指导策略上采用CASVE循环理论、SMART目标制定方案、SWOT分析法等，将生涯发展理论有效运用于学生的个性化指导。

（五）"大学生学习成长模型"研究

依托MBTI的测试平台，结合人格因素（如性格、气质）、生理因素（如感知通道、左右半脑加工优势）、认知因素（如对外界信息的感知、思维、记忆和问题解决方式）等多个方面的因素，探索大学生学习风格类型及学业指导策略研究。结合学习风格特征，开展有针对性的学业指导，帮助学生获得高效学习方法。

结合大学生的分类指导、特殊个案的学业发展研究、学习动力促进机制研究、学生行为习惯研究等，探索建立大学生学业表现和成长模型，科学地构建针对不同培育目标和培育重点的大学生的学业表现和成长的模型，从而为开展科学化、针对性、个性化、精细化的学业指导工作提供参考和借鉴。

三、路径探索：搭建助力学生发展的学业指导工作平台

围绕实施"个性化教育、精准化指导"，探索建立"二三三"学业指导工作路径。在实践路径上，建立"课程指导、团体工作坊和个体咨询"三项工作举措，全面做好学生的学业指导工作，包括"大学生学业发展与大学规划"课程体系、"大学生学习支持团体工作坊"工作体系和"个性化个体咨询"工作平台。

(一) 构建"大学生学业发展与大学规划"课程体系

结合学生的学业发展需求,从认知、方法、能力和规划等着手,从帮助学生做好学业规划、实现自我认知、获得学习方法等几个角度讲授。

"大学生学业发展与大学规划"课程体系包括:认识大学与我的大学——我的大学我做主;自我认知与专业认知——找到认知的"金钥匙";融入大学与分类规划——找准大学学习的风向标;学习奥秘与高效学习——费曼带你轻松学习;思维导图与课程学习——打开系统学习的"藏宝箱";时间管理与战"拖"——如何掌控自己的生活和时间;文本制作与技能提升——教你熟练掌握PPT、Word等文本工具;写作技巧与沟通能力——让你变得能说会写;学业成就与未来发展——叩开人生的敲门砖等教学内容,构建全方位的学业成长支持教学课程平台,从不同维度、不同层面,帮助学生不断提升学习能力。

(二) 构建"大学生学习支持团体工作坊"工作体系

围绕学生学业发展的各个方面,探索团体工作坊的工作模式,开展互动式、团体式的学业指导工作。在工作坊的设计中,考虑不同学生个体的特点和发展需要,建立引导型的学业指导工作坊、发展型的学业指导工作坊,建立全过程的学业指导工作体系。

一方面,建立引导型的学业指导工作坊,针对引导型问题的学生,开展重点课程微课堂、时间管理工作坊、大学规划工作坊、学习方法工作坊等,重点解决学生学业发展过程中的课程学习、学习方法等方面的问题。另一方面,建立发展型的学业指导工作坊,针对发展性问题学生,开展本科生学术工作坊、"能懂"课堂、我的母校我的家、写作能力工作坊、表达能力工作坊、实用工具工作坊、"通向留学之路"等,以解决困难型问题,探索发展型问题,满足学生的发展需求。

(三) 构建"个性化个体咨询"工作平台

为深入开展学业指导工作,通过设置"一对一"的个体咨询工作，满足学生个体的学业发展需求，有效实施"个性化的个体咨询"工作。

个体咨询包括专职学业指导老师"一对一"咨询、专业教师兼学业指导老师"一对一"咨询、同辈辅导师个体咨询等。个体咨询采取"一对一"的形式进行指导，咨询导师由专职学业指导老师、专任教师和优秀学生组成。专职学业指导老师由院系辅导员组成，可针对学生的学业困难问题、大学规划、职业规划等方面进行指导。专业教师兼学业指导老师由固定的专业教师组成，可针对学生的专业认知和学术发展等做专业化的指导。同辈辅导师由高年级本科生或研究生组成，同辈辅导师本身素质较高，能结合自身学习经历对咨询者进行言传身教，主要针对学生的学习习惯、学习方法、学习策略等问题进行解答。

四、育人实效：精准化学业指导助力学生学业成功

依托个性化、精准化的学业指导工作，实现"分类指导、科学规划"，帮助学生捋清发展目标、科学制订学习计划、有效推进工作落实，助力学生获得学业成功。在育人实效方面，主要体现在对集体的培育上，积极营造优良学风，培育出一批典型示范集体；还体现在对个体的培养上，帮助一批学生走出学业困境、获得学业成功。

以具体的育人案例来看，围绕学生个体特征、学生个体发展需求，推进精准施策、实施个性化教育。通过大力开展学风建设，助力集体发展，积极营造优良班风、学风、校风。

育人案例一

1. 案例概述

L同学，因沉迷于电脑游戏，逃课不学习，导致大一、大二挂科10多门，学业情况堪忧，甚至面临被清退的可能。在其父母、辅导员、班级主要学生干部及寝室同学的帮助下，他本人下定决心改变，并在大三结束时，通过了之前没通过的各科考试，大四只挂了一科，经补考后顺利毕业，并在一家专业对口的大型国企就业。

2. 指导过程

内因发掘,思想转变。面对该学生的情况,我们积极探索精准化的学业指导工作,首先是采取措施发掘内因,也就是找出引发学生问题的主要因素,在这个过程中主要采取个体辅导的方式。通过引导其主动倾诉、吐露心声,我们认真倾听,并引导其转变思维方法,彻底解决思想问题。

外力助推,行为转变。在思想转变的前提下,重点在行为的引导方面,采取朋辈辅导的方式,并注重方法的选择。第一种方法为情感感化,以班级党支部为主要依托,由党支书带头采取措施主动与其交谈,其他成员陆续加入,利用同学情谊打开心结。第二种方法为学习陪同,比如,考前陪同自习,建立多人自习陪同小组。第三种方法为学习方法辅导,以课程为中心,建立单课程的辅导制度,成立单课程学习辅导小组,事实证明,效果显著。

3. 案例评价

从这位同学的转变过程和我们采取措施的过程中,可以深刻地体会到思想转变的重要性,而思想的转变重在发掘内因。我们要深刻挖掘学生内心的困惑和迷茫,找准产生问题的根源,注重倾听、理解和关怀,用实际行动满足学生发展需求。

针对这类学生群体的学业指导方法要注重:一是明确目标,帮助学生明确未来的发展目标,从而有效激发内在动力;二是习惯的养成,包括思维习惯、学习习惯、生活习惯等。重视环境的影响,校风、班风、学风等的重要性这时便凸显出来,这种影响是潜移默化的,效果也很明显。

育人案例二

1. 案例概述

荣誉班级,80%的学生升学、50%的学生入党、100%

的学生顺利毕业，连续三年都是校优良学风班，先后荣获校荣誉班级、校团支部标兵、全国高校活力团支部参与团体等，班级多名学生获国际科技竞赛大奖、全国大学生科技竞赛一等奖等，一批学生获国家奖学金、宝钢优秀学生特等奖等。

标兵寝室"333"，全员保研，四年平均总加权 91 分，寝室中有"校三标" 1 人、国奖 5 人次、校三好学生 5 人次，各类学科竞赛获奖总计 20 余项，科创项目基金与奖金累计近 10 万元。

2. 指导过程

积极推进个性化教育。在指导过程中，有效落实"一生一方案""一生一规划"，通过积极探索每个学生的潜能、发掘个体的特点，做到因人施策、精准指导、个性帮扶，充分发挥每个学生的潜力，实行个性化教育。

主动发挥榜样示范效应。"榜样的力量是无穷的"，通过选树先进典型，利用优秀个体的带动、辐射和影响效应，影响更多的学生、辐射更大的群体，形成个体带动群体、群体影响个体的效应。

3. 案例评价

要注重优良集体的培育，把营造优良班风、学风作为重要的工作内容，关注学生的发展需求，发掘学生的成长潜力，制定个性化成长方案，通过优秀个体的辐射效应，营造良好的集体氛围，将"团结"传承，让优秀品质相互传递，引导集体中的每一个学生团结务实、拼搏奋进，把学业指导工作真正做到精准化、精细化、个性化。

以"个性化教育、精准化指导"为工作目标，结合个性化教育理念，推进精准化学业指导，既从理论研究角度把握学生发展规律，也从实践角度建立学生学业指导工作平台。在推进个性化、精准化的学业指导过程中，着重把握学生个体的成长特点，建立服务于"个体发展需要"的工作举措，实现因材施教。注重挖掘学生学业成长的内因，激发学生的学习动力，建立学业发展"源动力"的激励机制。注重环境和氛围的营造，发挥优秀学子的带动效应，发挥群体影响效应，形成优良学风。注重过程指导和跟踪培养，关注学生每个阶段的发展需求和成长变化，及时进行有效干预、支持和指导，建立全过程的学业指导工作体系。

— 参考文献 —

[1] McClellan J L. The Advisor as Servant：The Theoretical and Philosophical Relevance of Servant Leadership to Academic Advising [J]. NACADA Journal，2007（2）：41-49.

[2] Gordon V N. Handbook of Academic Advising [M]. Santa Barbara：Greenwood Publishing Group，1992.

[3] Habley W R. The Status of Academic Advising：Findings from the ACT Sixth National Survey [M]. National Academic Advising Association，2004.

[4] Glass B，Griffiths J R. An Introduction to the LearnHigher Centre for Teaching and Learning（CETL），with Particular Reference to the Information Literacy Learning Area and Its Work on Information Literacy Audits at Manchester Metropolitan University [J]. Libraries without Walls，2008（7）：91-103.

[5] 克里斯汀·仁，李康．学生发展理论在学生事务管理中的应用——美国学生发展理论简介 [J]．高等教育研究，2008（3）：19-27.

[6] 耿睿，詹逸思，沈若萌．中国高校学业指导手册 [M]．北京：清华大学出版社，2017.

高校学风建设研究：
理论阐述、实践基础与路径建构

摘 要： 当今大学生中出现各类学习问题，高校学业指导工作和学风建设是重要的应对举措。在心理学的学业指导理论、职业规划的学业指导理论、学习科学理论等理论基础上，逐步形成了"管教型"和"发展型"两类学业指导模式。国内外已经开展大量的学业指导工作的理论研究和实践探索，逐步形成全球化发展、信息化发展、综合学生发展指导等趋势。聚焦培育优良学风，在解决学生的基础学业问题的同时，探索搭建学生学业成长支持体系，努力解决学生成长的"内在主动力、外在驱动力"问题，全方位培育学生的综合素质，构建起优良、长效、稳定的高校学风建设体系。

关键词： 学风建设；学业指导；学业成长支持体系

2016年12月，全国高校思想政治工作会议的召开为高等学校的人才培养工作指明了方向。高等学校承担着立德树人的根本任务，培养出一批批高质量的人才队伍，需要从学校的体制机制上进行探索、实践和改革，尤其是直接影响学校人才培养质量的学校学风建设。高校学风建设是高校人才培养工作的重点，高校学风建设的效果直接影响学校的学习氛围、学术氛围、科研生态的良性发展，从而影响人才培养的质量。营造良好的校风学风，需要进行持续的思考、探索和实践。

近年来，大学生群体中出现学习动机"功利化"、学习动力不足、自觉性较差、学习纪律松散、学习习惯不良、学习目标缺失等问题，值得高校思政工作者深入思考。如何才能改变学生中出现的各类问题？如何才能构建适应新时期发展需要的学校学风建设体系？在教育部印发的《高等学校辅导员职业能力标准（暂行）》中，将学业指导工作作为高校辅导员工作的一项重要职责，并明确了学业指导工作的具体内容、能力要求和理论知识要求。高校学业指导工作作为开展学风建设的重要举措，一方面通过专业化的学业指导帮助学生解决学业困惑，促进其学业成功，从而培养优良学风。另一方面，通过开展专业化的学业指导工作，助力辅导员队伍的专业化发展，提升其职业能力和育人水平。

一、理论阐述：高校学风建设的学理逻辑

（一）大学生的学业发展状况研究

大学生的学业表现与大学生对学习的投入有直接的关系，对学习的投入主要包括行为、认知和情感等多个维度。而影响大学生学业表现的因素有很多，包括家庭背景、地域因素、学校环境、朋辈关系、社会支持、性别差异、学习习惯、学习方法等。这些影响因素主要可以划分为两类：一类是个体因素，另一类是外在环境因素。一方面，针对影响大学生学业表现的个体因素，有很多专家学者进行了深入研究，杨立军等（2014）用 NSSE-CHINA 研究大学生学习投入影响因素，崔文琴（2012）对大学生学习投入的现状进行深入研究，周海涛等（2014）研究大学生学习策略使用水平对学业表现的影响；另一方面，针对影响大学生学业表现的外在环境因素，也有很多专家学者进行了研究，包括对家庭环境、社会环境和学校环境等的研究，如李波（2018）研究了父母参与对学生学业表现的影响，高耀等（2011）研究了家庭资本对大学生在校学业表现的影响，郭俊等（2012）围绕家庭背景对大学生学业表现的影响进行了实证研究，张和平等（2020）研究了家校合作对学生学业表现的影响，于海琴等（2013）研究了学习环境对大学生学习方式和学业成就的影响。

（二）学业指导工作的理论研究

为了解决大学生的学业表现问题，满足大学生学业成长的需求，开展专业化的学业指导工作是一个有力的举措。国内外已经将学业指导作为一项专业化、职业化的工作，目前已经形成专业化的机构、专业化的队伍、专业化的理论，对大学生开展专业化的学业指导。在学业指导工作研究理论方面，主要是三类：基于心理学的学业指导理论、基于职业规划的学业指导理论和学习科学理论。

一是基于心理学的学业指导理论。学业指导理论最早是在心理学

和职业规划理论中找到理论根基，比如，心理学中的认知发展理论和心理认同理论对学业指导工作有较好的指导价值。二是基于职业规划的学业指导理论。学生的学业表现情况容易受其个性和兴趣的影响。职业规划理论中的MBTI人格理论将人的性格分为4个维度8个方面。针对不同学习获取方式和理解方式的群体，要采取不同的咨询和指导方法。三是学习科学理论。学习科学理论对学习的定义在发展过程中不断变化，该理论认为，学习是反应的强化，学习是对理解的探索，学习是知识的获取，学习是知识的建构，学习是知识的社会协商，学习是参与实践的共同体。

同时，探索出"管教型"和"发展型"两类学业指导模式，为全球学业指导工作的开展提供了有力的指导。"管教型"学业指导，类似于用诊断的模式诊断问题，针对性强。而"发展型"学业指导强调指导者与学生的互动，强调以学生为中心。前者学生容易抵触，后者更容易被学生接受。

（三）高校学风建设工作研究

学风建设历来是高校人才培养工作的重点。只有树立了良好的校风学风，才能为培育学生全面发展创造条件，促进学生健康发展和全面成才。关于学风的内涵界定，韩延明（2006）认为，"高校学风作为大学的灵魂，是指大学全体师生在长期的教育实践过程中形成的一种较为稳定的治学目的、治学精神、治学态度、治学风尚和治学方法，体现的是全校教师和学生在治学求学上的思想和行为的具体体现"。郑家茂等（2003）指出，"学风是学习者在求知目的、治学态度、认识方法上长期形成的，具有一定稳定性和持续性的精神倾向、心理特征及其外在表现"。谭振亚（2008）、赵沁平（2002）、陈玉栋（2014）等的研究成果中，都在广义和狭义上对学风建设的定义进行了阐述。

关于学风建设工作的研究，已有大量的理论研究成果。苗洪霞等（2016）对学风的影响因素进行了详细的描述，从由学生、教师、学校、家庭、社会等几个关键因素组成的微系统、中系统、外在系统、宏观系统等关键影响方面进行剖析，进一步对学风的影响因素进行了研究。其研究表明，从高校学风建设的发展现状来看，"不同类别的学校在学风建设的影响因素上存在差异"。杨晓东（2003）的研究表明,"制约高校学风建设的主要因素,既有外部因素,也有内部因素"。郑家茂等(2003)对高校学风建设进行分析,认为存在"涉及面宽、学业失败现象普遍、干扰热点转移、师生双向不满、心态矛盾加剧"等问题。林静华(2008)的调研结果显示,学风状况整体是积极的。赵锋等(2014)通过对部分高职院校的学风建设状况进行调研发现,在学习动机方面,"一些学生功利思想和浮躁风气日渐严重"等。吴钦伟等(2014)研究认为,当前高校学风建设的主要问题体现在课程安排不够科学、教师的责任心不够、过分依赖先进的教学手段等。

二、实践基础:聚焦学风建设目标的学业指导工作实践

对于如何推进高校的学风建设,已有大量的高校学者和教育管理工作者进行了长期的探索和实践。韩延明(2006)提出"用大学精神去激励、用道德教育去引导、用大学制度去规范、用校园文化去陶冶"的学风建设举措。在新时代背景下,面对在更加多元的环境下成长起来的学生,更应该有针对性地进行学风建设实践,开展专业化的学业指导工作是做好高校学风建设的重要抓手和主要举措。本文将结合国内外针对学业指导工作所开展的相关探索进行阐述。

(一)国外学业指导工作的现状及发展趋势

1. 国外学业指导工作发展历程

国外学业指导工作起源于美国的早期教育实践,通过长期的发展,已经进入专业化、专职化阶段。其发展过程主要分为三个阶段:从哈佛大学成立到19世纪晚期的萌芽阶段,从19世纪晚期到1978年的发展阶段,从1979年至今的专业化阶段。1979年全球学业指导协会(NACADA)的成立,标志着国外学业指导工作进入专业化阶段。

2. 国外主要学业指导工作研究机构

国外学业指导工作建立了学业指导联盟,包括全球学业指导协会

(NACADA)、英国 LearnHigher 联盟和英国辅导与咨询协会(UKAT)等机构，其中影响力最大的是全球学业指导协会。

美国、英国和加拿大等国家的大部分高校都成立了专门的高校学业指导机构。美国75%的高校都设立了专门的学业指导机构，主要高校包括哈佛大学、麻省理工学院、加州大学伯克利分校等。加拿大的学业指导工作受美国高校的影响较大，英国的学业指导工作最早源于剑桥大学、牛津大学的导师制。

3. 国外学业指导工作发展趋势

一是全球化发展趋势。全球学业指导协会已经发展成全球学业指导协会，是目前全球影响力最大的学业指导机构，每隔一到两年召开的学业指导国际会议吸引了众多国家的学业指导工作同仁参与，包括北美洲、欧洲、大洋洲、非洲和亚洲部分国家。二是推进信息化发展。充分发挥网络平台的作用，利用网站、即时工具等给学生进行远程指导，实现资源共享最大化。比如，华盛顿大学对新生开展视频入学指导，学校在暑假期间就对新生进行入学教育，帮助大学生尽快了解大学生活。三是走向综合学生发展指导。建立学业-心理成长指导共同体、学业-生涯规划指导共同体，搭建成长指导共同体，帮助学生获得综合、全面、流畅的成长支持。

（二）国内学业指导工作的现状及发展趋势

1. 国内学业指导工作发展历程

目前，国内各高校开展学业指导工作的现状如下：学业指导工作尚未进入专职化、专业化阶段，处于快速化、全面化发展的关键时期。国内高校学业指导工作的发展历史，主要分为三个阶段：20世纪50年代至20世纪80年代前期的学业指导萌芽阶段，20世纪80年代后期至2014年的学业指导起步阶段，从2015年至今的学业指导全面发展阶段。

一是萌芽阶段。从20世纪50年代开始，国内高校先后推行中国特色的政治辅导员制度。辅导员的工作职能包括对学生的理想信念教育、学风建设、就业指导、心理指导和学业指导等，其中学业指导是辅导员工作职能的一部分。二是起步阶段。从20世纪80年代开始，国内许多高校开始关注学业指导工作,2009年清华大学成立大学生学习与发展指导中心。2014年教育部印发的《高等学校辅导员职业能力标准(暂行)》中对学业指导工作制定了一系列标准。三是全面发展阶段。北京高校学业辅导工作会于2015年1月在清华大学召开。同时,部分省市建立了一些区域性的工作联盟,各个高校在校院两级层面建立了专门的学业发展支持中心,开始全面开展专业化的学业指导工作。

2. 国内学业指导工作的发展趋势

近年来,在清华大学等高校的大力推动下,我国学业指导工作取得了突破性的进展,全国各高校都掀起了开展学业指导工作的热潮,从萌芽到专业、从零散到联盟、从简单到多样,在实践探索和理论研究领域都有了重要的成果。基于当代大学生的成长规律,高校学生学业指导工作也在不断实现本土化和实践化。我国在学业指导工作方面的发展趋势主要体现在以下几个方面。

一是探索建立全国性、区域性学业指导联盟。目前北京市建立了北京市高等教育学会学业辅导研究分会,但是,尚未有全国性的工作机构。探索建立一些全国性、区域性的学业指导联盟机构,可以进一步推进学业指导工作的交流与发展。

二是推进学业指导的专业化发展。目前,国内高校在学业指导工作中做得比较突出的有清华大学、复旦大学和北京工业大学等,采取的服务方式也以工作坊、网络资源等为主。基于我国国情特点和我国当代大学生的成长规律,高校学生学业指导工作应该逐渐中国化、本土化和实践化。通过制定相关的文件政策,构建标准化的工作模式、方法和路径,可以进一步推动学业指导工作的专业化发展。

三是构建学业指导教学培养体系。随着学业指导工作的进一步开展,将学业指导的方法或理念融入教学体系中,帮助学生养成良好的学习习惯,掌握正确的学习方法,获得更高的学习效率等。

三、实施举措:高校学风建设的培育路径和实施框架

为了营造良好的校风学风,探索学风建设的长效机制,可从内在主动力和外在驱动力两个方面着手,内在主动力即学生个体,外在驱

动力即成长环境,通过内外联动实现培育优良学风的目标。首先,从学生个体着手,通过文献调研、个体深度访谈、数据调研等方法,了解大学生的学业表现情况,探索大学生分阶段的成长特点、大学生分个体的成长特点、影响大学生学业表现的根源性因素等,构建大学生学业表现和成长模型。其次,在了解大学生学业表现情况的基础上,探索建立全过程的学生学业支持体系和全方位的学生学业指导体系,解决大学生的基础学业问题。最后,在解决基础学业问题之后,探索搭建学生学业支持体系,全方位地培育学生的综合素质,努力解决学生成长的"内在主动力、外在驱动力"问题,建立学风建设的长效机制,构建起优良、长效、稳定的高校学风建设体系。高校学风建设的培育路径和实施框架见图1。

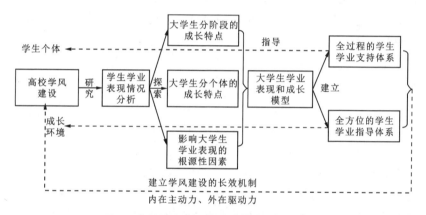

图1 高校学风建设的培育路径和实施框架

对大学生的学业成长表现进行研究,探索大学生学业表现的内在因素和外在因素,总结影响大学生学业表现的根源性因素,以此构建一套全过程的学生学业支持体系,并搭建基于学业指导方法的全方位的学生学业指导体系,探索基于学业成长体系的高校学风建设长效机制。

(一)大学生学业表现特点和学业表现根源性因素研究

为了培育大学生全面发展,需要对大学生的成长表现进行深入分析,以学业表现为出发点,采取调查问卷和深度访谈的方式,对大学生的学业表现特点进行调研分析。主要从以下几个方面开展研究工作。

第一,大学生分阶段的成长特点研究。从大学生的成长经历来看，在大学四年的不同阶段具有不同的典型特点，大学生的成长特点不同，成长需求也不同，这就需要研究了解大学生不同阶段的特点及指导方法。大学一年级处于从高中到大学的入学适应阶段，属于"养成期＋适应期"，大学生进入大学后开始适应新的大学生活，会有新鲜感，会憧憬，也会不适应；大学二年级从适应阶段到思考阶段，进入"迷茫期＋分化期"，会迷茫，会思考，也会出现分化，部分学生开始找到大学的正确成长方向，部分学生开始陷入低迷期；大学三年级从思考阶段到熟悉阶段，进入"拼搏期＋成熟期"，会拼搏，也会有低迷，这个阶段的大学生开始逐步思考未来的发展方向；大学四年级从成熟阶段到收获阶段，进入"忙碌期＋收获期"，大学四年的成长和努力开花结果，有收获，也会有失落。不同阶段、不同需求、不同特点，通过研究了解大学生不同阶段的成长发展需求，针对性地开展指导工作。

第二，大学生分个体的成长特点研究。学生个体的特点不同、成长经历不同、内在特质不同、外在环境不同，其学业表现的状况也不尽相同，应该分类指导、分类引导。本研究中主要针对学业优秀学生、学业问题学生、困难学生、偏远地区学生、特长生等不同群体进行研究。由于成长环境不同、内在特质不同，大学生的学业表现状况也存在很大的差异，通过问卷调查和深度访谈的方式，了解优秀学生的学习方法和学习特点，了解困难学生的学业困难原因，了解偏远地区学生的学业薄弱点，了解特长生的学业困难因素等。通过研究和探索，了解不同个体的学业和成长特点，科学地分析内在特质和外在环境对大学生学业表现和成长发展的影响。

第三，影响大学生学业表现的根源性因素研究。结合不同个体、不同阶段大学生的成长特点，了解影响大学生学业和成长表现的各类因素，科学分析各类影响因素的比重，重点突出几类重要影响因素，探索形成大学生学业表现的根源性因素。根源性因素包括三个主要方面：一是大学生的自身内在特质，包括个体性格、兴趣、价值观、能力等方面的特点；二是大学生的人文成长环境，包括家庭环境、学校环境等，亲子关系、朋辈关系、师生关系等；三是大学生的社会成长环境，包括大学生成长的社会背景、时代环境、网络环境等，以及时代发展的潮流、社会风气、网络新媒体工具等。

第四，大学生学业表现和成长模型研究。结合大学生分阶段的成长特点、分个体的成长特点、学业表现的根源性因素研究结果，探索建立大学生学业表现和成长模型。通过模型构建、分析和实践，科学分析大学生成长过程中各类因素的影响比重，科学地构建起针对不同类型大学生的学业表现和成长表现的模型，从而科学地指导大学生的学业和成长发展。

（二）探索全过程的学生学业支持体系

基于对大学生的学业表现和成长表现情况，开展问卷调查，结合对部分具有典型特征的大学生进行深入访谈等方式，了解不同特点、不同阶段大学生的学业表现情况及学业发展需求，探索建立全过程关注学生学业表现和学业指导的体系，寻求全过程的学业指导方法，及时解决各阶段大学生的学业问题。

针对大学一年级学生，帮助其顺利度过"养成期＋适应期"。做好大学生的入学适应性教育，从入学开始建立大学生学业成长档案，依托家庭和学校的共同力量，通过开展"新生工作坊""入学教育周""专业认知教育"等活动，帮助大学生找到合适的大学发展方向。

针对大学二年级学生，帮助其顺利度过"迷茫期＋分化期"。在这个阶段重点指导大学生选择好的学习方法、合理利用学习资源，主要进行学习策略指导和问题的诊断性指导，开展"学业成就讲座""学习方法论研讨""阅读课程"等活动。同时，实时跟踪和监测大学生的学业表现，及时反馈出现的问题并给予学业指导。

针对大学三年级学生，帮助其顺利度过"拼搏期＋成熟期"。在这个阶段，大学生主要出现发展性问题，要对大学生进行发展性指导，帮助大学生合理定位未来发展目标，通过老师、校友、同辈的力量，开展"校友论坛""同辈辅导课程""个体辅导"等活动。

针对大学四年级学生，帮助其顺利度过"忙碌期＋收获期"。这个阶段属于大学生的成果收获期和选择期，要重点进行求职规划、发展性指导，依托学校和企业力量，开展"职业规划培训""发展工作坊""个体辅导"等活动，并针对问题进行诊断性指导，帮助大学生实现目标定位和合理的职业选择。

依托搭建的全过程关注学生学业表现和学业指导的体系，探索一套全过程指导大学生学业的工作思路和方法，解决大学生的基础性学业困难问题和发展性学业问题。

（三）探索全方位的学生学业支持体系

为培养德智体美劳全面发展的社会主义建设者和接班人，高校大力推动教育教学改革，探索建立五育并举的人才培养体系，不断提升人才培养质量。高校学风建设是助力学生成长的重要举措，通过学风建设可以帮助学生打好扎实的学习基础，树立学习目标，掌握学习技能，促进全面成长。建立五育并举的人才培养体系，需要在学风建设中强化五育教育，探索建立全方位的学生学业支持体系。

一是聚焦德育教育，帮助学生树立正确的学习目标。"为什么而学习"是关系到"为谁培养人"的关键问题，帮助学生树立正确的学习目标尤为重要，这直接影响学生的价值观以及未来学生的职业选择。因此，在高校学风建设体系中，应该进一步加强德育教育，坚持"四个面向"的人才培养导向，引导学生为中国梦的实现而学习，引导更多学生赴国家重点行业、重点企业就业。

二是聚焦智育教育，帮助学生丰富知识体系。为帮助学生培养更扎实的学习基础，需要加强专业知识、基础知识、交叉知识等知识的教育，让学生开阔视野、拓宽知识面、提升知识水平，为未来长远发展积累丰富的知识体系。

三是聚焦体育教育，培养学生的顽强意志。顽强的意志能够帮助学生提升抗击压力和面对困难的能力。进一步加强体育教育，让学生在学习的同时加强体育锻炼，在体育锻炼中提高学习效率和抗压能力。

四是聚焦美育教育，培养学生的人文素养和审美能力。注重搭建人文素养培养平台和美育教育培养平台，常态化开展人文素质教育，帮助学生拓展人文知识；常态化建立美育工作平台，帮助学生培养审美能力。

五是聚焦劳动教育，培养学生精益求精的求实精神。在学风建设体系中加强实践教育，鼓励学生走出校园、走出课堂、走进社会，到企业开展实践锻炼，建立常态化、多元化的实践育人工作体系，坚持精益求精、追求卓越的学习理念，培养学生追求真理、严谨治学的求实精神。

（四）基于学生学业成长体系的高校学风建设长效机制

建立高效学风建设的长效机制，既要解决学生个体的自主学习动力问题，发挥学生个体的主观能动性，也要解决学生成长和发展的外在环境因素问题。因此，在充分研究和探索大学生学习特点和影响大学生学业表现根源性因素的基础上，建立学业支持体系和学生成长发展体系的培育平台，推动"内在主动力"和"外在驱动力"相结合。

一是注重内在主动力，激发学生的内在学习动力。基于大学生学业表现的根源性因素研究，探究影响学生学业表现的各类主要影响因素，因材施教，建立全过程关注学生学业表现和学业指导的体系，解决学生学业表现的内在驱动力问题，引导学生主动思考、主动学习，并及时地进行指导。

二是注重外在驱动力，构建优良的外在学习环境。环境的因素对学生的成长和发展影响极大，因此要积极营造良好的学生成长大环境。通过搭建全方位学生学业成长体系，以理想信念教育平台、学生学习支持中心、社区文化建设平台、人文艺术素养提升工程为主要平台，构建起大学生学业发展和健康成长的良好环境，解决学生学业表现的外在环境问题。

基于"内在主动力、外在驱动力"的工作理念，构建全过程关注学生学业表现和学业指导的体系、全方位学生学业成长体系两个大平台，内外联动，既解决学生学业的内在主动力问题，又解决学生学业表现的外在驱动力问题，建立高校学风建设的长效机制。

— 参考文献 —

［1］梁玉珍.网络时代高校学风建设存在的问题及对策研究［J］.中国成人教育，2014（4）：81-82.

［2］杨立军，韩晓玲.基于NSSE-CHINA问卷的大学生学习投入结构研究［J］.复旦教育论坛，2014（3）：83-90.

［3］崔文琴.当代大学生学习投入的现状及对策研究［J］.高教探索，2012（6）：67-71，143.

［4］周海涛，景安磊，李子建.大学生学习策略使用水平及其影响因素分析［J］.中国高教研究，2014（4）：25-30.

[5] 李波. 父母参与对子女发展的影响——基于学业成绩和非认知能力的视角 [J]. 教育与经济, 2018 (3): 54-64.

[6] 高耀, 刘志民, 方鹏. 家庭资本对大学生在校学业表现影响研究——基于江苏省 20 所高校的调研数据 [J]. 高教探索, 2011 (1): 137-143.

[7] 郭俊, 李凯, 张璐帆, 等. 家庭背景对大学生学业表现影响的实证研究 [J]. 教育学术月刊, 2012 (8): 29-34.

[8] 张和平, 刘永存, 吴贤华, 等. 家校合作对学业表现的影响——学习投入的中介作用 [J]. 教育学术月刊, 2020 (1): 3-11.

[9] 于海琴, 李晨, 石海梅. 学习环境对大学生学习方式、学业成就的影响——基于本科拔尖创新人才培养的实证研究 [J]. 高等教育研究, 2013 (8): 62-70.

[10] 耿睿, 詹逸思, 沈若萌. 中国高校学业指导手册 [M]. 北京: 清华大学出版社, 2017.

[11] Gordon V N, Habley W R. Academic Advising: A Comprehensive Handbook [M]. Hoboken: John Wiley & Sons, 2011.

[12] Pizzolato J E. Complex Partnerships: Self-authorship and Provocative Academic-advising Practices [J]. NACADA Journal, 2006 (1): 32-45.

[13] McClellan J L. The Advisor as Servant: The Theoretical and Philosophical Relevance of Servant Leadership to Academic Advising [J]. NACADA Journal, 2007 (2): 41-49.

[14] O' Banion T. An Academic Advising Model [J]. NACADA Journal, 1994 (2): 10-16.

[15] Crookston B B. A Developmental View of Academic Advising as Teaching [J]. Journal of College Student Personnel, 1972.

[16] 韩延明. 学风建设: 大学可持续发展的永恒主题 [J]. 高等教育研究, 2006 (3): 19-24.

[17] 郑家茂, 潘晓卉. 关于加强大学生学风建设的思考 [J]. 清华大学教育研究, 2003 (4): 39-43.

[18] 陈玉栋. 试论高校学风建设的概念、主体及特性 [J]. 高教探索, 2014 (4): 92-96.

[19] 谭振亚. 学风建设是高校思政教育的永恒主题 [J]. 中国高等教育, 2008 (20): 23-24.

[20] 赵沁平. 要把学风建设作为高校的基础建设来抓 [J]. 中国高等教育, 2002 (13): 3-6.

[21] 苗洪霞, 王志华, 刘群. 高校学风建设影响因素研究 [J]. 教育研究, 2016 (9): 51-58.

[22] 杨晓东. 高校学风建设中的制约因素及对策分析 [J]. 现代教育科学, 2003 (9): 62-63.

[23] 林静华. 高校学风状况调查与思考 [J]. 思想教育研究, 2008 (2): 74-77.

[24] 赵锋, 邹忠. 学生工作视角下对高职院校学风建设问题的思考 [J]. 思想政治教育研究, 2014 (3): 118-120.

[25] 吴钦伟, 王循聪. 我国高校大学生学风建设中存在的突出问题及其对策 [J]. 中国成人教育, 2014 (3): 73-75.

[26] 韩玉青, 魏红. 美国高校学业指导模式初探 [J]. 高教发展与评估, 2016 (6): 83-88.

[27] Beatty J D. The National Academic Advising Association: A Brief Narrative History [J]. NACADA Journal, 1991 (1): 5-25.

[28] 陈晏华. 美国高校学生学业指导研究 [D]. 南京: 南京师范大学, 2014.

[29] 龚春蕾. 高校辅导员职业化专业化问题研究 [D]. 上海: 华东师范大学, 2011.

[30] 武增勇. 高校辅导员专业化问题研究 [D]. 上海: 华东师范大学, 2007.

[31] 孙伟, 冯晓东, 刘哲. 网络化学业指导体系的趋势、问题与对策 [J]. 教育探索, 2020 (10): 34-37.

[32] 耿睿, 詹逸思. 中国大学生学习与发展指导体系构建研究——以清华大学学生学习与发展指导中心为研究案例 [J]. 江苏高教, 2012 (6): 71-73.

第二章

理论篇·大学生的学习与发展规律

做好高校思想政治工作要注重遵循思想政治工作规律、教书育人规律、学生成长规律，针对学生开展学习与发展指导，同样要高度重视规律研究，分析现状、找寻规律、制定策略，才能够保证学生发展指导工作的针对性和实效性。通过开展拔尖创新人才培养规律研究、个性化学业指导方法研究、学生事务管理的创新发展研究、学生行为习惯规律研究、中外学生学习支持体系的对比研究等，科学掌握学生成长规律和育人规律，不断提高育人工作实效，进行循序渐进式的思政供给，助力学生全面发展。

大学生的学习发展规律研究一——"全面成才：基于拔尖创新人才培养的学业指导工作体系"。聚焦拔尖创新人才的培养，需要构建适应拔尖创新人才成长的培养体系，尤其需要建构一套完善的学生学习成长体系。通过调研，获得学生的学业成长规律，探索构建一套评价指标体系，并建立拔尖创新人才的培养体系，助力学生全面成才。

大学生的学习发展规律研究二——"分类指导：个性化学业指导模式及路径探论"。"以学生为中心"的教育理念越来越被重视，实施个性化教育成为当前教育改革的重要模式之一。实施个性化的学业指导能够有效满足学生的学业发展需求和成长成才需要，通过构建师生学业成长共同体、丰富学生的学业发展供给资源、建立"互联网＋学业指导"的学业指导模式，满足学生的个性化发展需求。

大学生的学习发展规律研究三——"学生工作的体制创新：现实困境、改革思路、体制优势"。"大部制"改革现已成为我国行政体制改革的重要措施和渠道，借鉴到高校中，可以有效解决二级院系的组织架构问题，同时有效降低行政成本，提高管理效能和工作效率。基于现有问题，构建学生工作协同机制是发展趋势，从工作理念维度、工作平台维度、工作体制维度出发，倡导共同体育人理念、专业化育人平台和融合式工作机制。学生工作的"大部制"改革，充分体现了融合思维、系统思维，促进学生工作的提质增效。

大学生的学习发展规律研究四——"基于大学生行为习惯分析的学业指导方法"。大学生的行为习惯是影响大学生学业表现的主要内在因素，会影响大学生的学习兴趣、学习动力、学习效率。通过开展基于大学生行为习惯分析的学业指导，形成一个大学生行为习惯四维模型（TELS模型）。针对大学生进行基于行为习惯的学业指导，形成一套有效的学业指导方法，开展有针对性的学业指导工作，帮助学生获得学业成功。

大学生的学习发展规律研究五——"基于生涯发展理论的个性化人才培养模式探索"。通过对学生进行个性特征调研、成长因素调研等，获取学生的成长数据库。在分析策略上，探索学生培育的新工具、新视角、新方法，包括职业生涯策略、文化视角方法、精准思政思维。基于以上调研和分析，建立基于生涯发展理论的学生个性化学业指导模型，采用 CASVE 循环理论、SMART 目标制定方案、SWOT 分析法等生涯决策方法，在学生的个性化指导上发挥实效。

大学生的学习发展规律研究六——"中英高校学生支持体系对比研究：历史溯源、特点剖析与发展启示"。学习和借鉴国外高校的典型经验和模式，以英国雷丁大学为例，英国高校心理服务体系具备专业性与预警性特征，生涯指导体系具备个性化与职业化特征，资助体系具备针对性与全程性特征。通过优化工作理念，强化学生的价值理念培养，完善工作体系，注重实施精准化培养路径，促进学生的全面成才。

全面成才：基于拔尖创新人才培养的学业指导工作体系

摘　要：拔尖创新人才是实现中华民族伟大复兴的战略性力量。为推动拔尖创新人才的培养，需要构建适应拔尖创新人才成长的培养体系，尤其需要建构一套完善的学生学习成长体系。针对某高校学生的学业发展状况，从"专业认知，感兴趣、满意程度""课堂状态"等12个维度进行调研分析，了解学生的学业成长规律。围绕拔尖创新人才培养，从道德品质层面、知识水平层面、实践能力层面、综合素养层面，探索构建一套评价指标体系，并建立一套全过程培养拔尖创新人才的培养体系，助力学生全面成才。

关键词：拔尖创新人才；学业指导；学生评价

习近平总书记在党的二十大报告中提出："全面提高人才自主培养质量，着力造就拔尖创新人才"。拔尖创新人才是实现中华民族伟大复兴的战略性力量，对国民经济和社会发展有极其重要的作用，着力培养拔尖创新人才是当前高等学校的重要职责与使命。推动拔尖创新人才的培养，需要有明确的培养思路、完善的培养体系和科学的评价机制，不断深化新时代教育体系改革，推动教育评价改革，构建科学合理、契合需求、多元参与的学校教育教学体系。为了进一步促进学生的全面发展和适应社会发展需求，为培养高水平的学术型拔尖创新人才和应用型拔尖创新人才，应大力推动新工科、新医科、新文科、新农科等学科建设，全面推进拔尖创新人才的培养。

为推动拔尖创新人才的培养，需要构建适应拔尖创新人才成长的培养体系，尤其需要建构一套完善的学生学习成长体系。建设世界一流大学需要有一流的学风建设体系，培养一流拔尖人才同样需要依靠一流的学风来培育和引领，因此建构一套适应一流大学建设、培养一流拔尖创新人才的学风建设体系尤为重要。注重全面成长、强化个性培养、挖掘学生潜能，通过建立基于拔尖创新人才培养的学风建设体系，开展基于拔尖创新人才培养的学业指导工作，有利于推动人才培养工作的高质量发展。

一、特征分析：学生学业成长的规律性问题探析

为提升大学生的学业发展水平，开展一项针对某高校学生的学业发展状况调研，调研从"专业认知、感兴趣、满意程度""课堂状态""自习情况""作业完成情况""学习态度""在学习中遇到的问题及解决方法""课余时间的分配""学校学风建设""毕业去向""知识技能的掌握情况""家庭因素对学业影响""对学业指导机构的需求度"等12个维度进行调研分析，调研选取某大学2000余名本科生进行调研，问卷由26个问题组成，包含40余个变量，回收有效问卷1886份。全部问卷资料经检查核实后进行编码、建库，利用SPSS20.0软件进行统计分析，分析类型主要为单变量描述统计和双变量交互分类统计。

1. 学生学业发展状况的现状分析

根据调研结果，重点如下。在学业成长方面，将学生学业成长分为四个部分，学习动力、学习行动、学习方法、学习成就。在学习动力方面，主要是从学生学习动力的来源因素分类，分为自发性学习动力、环境性学习动力、迷茫性学习动力。在学习行动方面，主要从学生学习的行动力方面分类，分为拖延学习、被动学习、主动学习。在学习方法方面，主要从学生的有效学习方面分类，分为"填鸭式"学习、创新性学习、"建构型"学习。在学习成就方面，分为学业成就、发展性成就、个人成就。通过开展主观评价调研、客观描述调研，全面了解学生的学业发展现状、主要问题、发展需求，从而总结改进举措。

1) 大学生的课堂学习状态调查

经调查，大多数学生在课堂上都能够把握住课堂的宝贵时间，但也有一部分同学自制力不足，上课玩手机、发呆或睡觉。在日常教学中，一方面应加强课堂管理，严肃课堂纪律；另一方面应提升教师的教学质量，探求效果更好、学生们接受度更高的教学风格和内容。事

实上,绝大多数的学生都能适应教师的讲课节奏和方式。这说明教师们在教学中投入的辛勤付出得到了回报。

2) 大学生的自习情况调查

绝大多数的学生每周都会去自习,只有极少数的学生从来不去。自习效率比较高的学生不多,约占三成,半数的学生自习效率一般,剩余近两成的学生效率比较低和非常低。

3) 大学生的学习态度调查

对于预习、复习以及完成作业的情况,只有约四分之一的学生学习习惯较好,能够主动预习、复习和完成作业,将近一半的学生勉强可以主动学习;没有预习、复习习惯的学生占比约四分之一。这说明学生主动学习的习惯还有待培养,将被动学习变成主动学习。

4) 大学生在学习中遇到的问题及解决方法

存在时间管理、情绪管理问题的学生数量最多,存在专业兴趣问题和课程学习问题的学生数量也不少,只有极少数学生没有学业问题。几乎所有学生都对学习感到过焦虑和急躁,其中约三分之一的学生经常感到焦虑和急躁。

另外,关于遇到的学业问题,有八成的学生选择了自己解决,这说明这些学生的独立学习能力很强,也有学生选择咨询同学,而向任课老师寻求帮助的同学相对较少,只有极少数(不到一成)的学生会无视问题。总之,学生对学业问题都非常重视,会通过各种途径解决。

5) 关于大学生课余时间分配的调查

选择主要将课外时间花在学习、比赛、科研方面的人数最多,约占一半。其次是玩电脑、手机游戏的人数。选择组织学生活动、创业活动和追剧、看小说的人数相当,而兼职/做义工活动的学生也占一定比例。这说明学生对学习和工作的重视程度还是很高的,但同时,娱乐时间占比偏高。

6) 关于学校学风建设的调查

关于学风影响因素,学生本人的态度和兴趣、教师教学风格、学校学习氛围均影响很大，需要发挥学生本人、课堂教师与学校学习氛围的作用，多管齐下。

7) 关于大学生知识技能掌握情况的调查

约三分之二的人想提升自己的专业知识技能，如英语、计算机等通用技能，以及科技创新能力；有人想要提升实践动手能力、人际交往能力；还有人想要提升组织领导能力和全球视野。这表明学生们有更高的追求，也表明我们应当尽最大的努力使学生们能系统地学习所希望提升的能力。

2. 大学生学业发展的问题分析及改进策略

综合而言，结合学生学业状况调研，大学生的学习积极性较高、自主学习能力较强、执行能力较强、未来发展规划清晰，能够充分利用课外时间参加科研、比赛、创业活动等，表现出较强的学习能力、规划能力和综合素质。

但是，也存在一些问题需要进一步改进。

在课堂学习状态方面，部分学生的学习状态不佳。部分学生的自制力不够，玩手机、注意力不集中等，导致课堂学习效率不高。针对这个问题，需要从课堂管理和教学管理两个方面着力，加强课堂学习的考勤工作，提高课堂学习效率，同时优化课程教学方法，进一步提高教学吸引力。

在学生自主学习方面，部分学生的自主学习效率不高。主要体现在学生的学习方法不够、学习技巧不足，难以获得较高的自主学习效率。针对这个问题，需要加强对学生学习能力的培养，开展时间管理、事务管理、课程学习方法、学习风格等高效学习方法的指导，帮助学生进一步提高学习效率。

在学习困难和问题方面，大部分学生都存在多方面的学习困难，急需获得专业化的学习支持。时间管理问题、情绪管理问题、课程学习问题、专业兴趣问题、学习态度问题、学习方法问题、学习习惯问题等是大学生学习过程中常见的问题，尤其是时间管理、专业兴趣等问题，需要通过开展专业化的学业指导给予学生全方位的支持。同时，从调研结果来看，不同年级学生出现的问题类别也存在不同，低年级学生更关注课程问题、专业问题，高年级学生更关注发展问题，因此需要结合不同阶段学生的成长特点和发展需求提供有针对性的支持。在支持队伍体系上，需要加强专业教师、专职学业指导教师等方面力量的建设，向学生提供更加全面的发展支持。

在学生能力提升方面，多维度能力提升是培养拔尖创新人才的发展要求。除了扎实的专业知识技能外，实践能力、创新能力、领导能力、全球视野等都是培养拔尖创新人才需要考量的重要能力，因此在学生的培养体系中，需要加强第一课堂外的能力培养平台建设，建立多元化、多层次、多维度的人才培养体系，助力学生综合素质的提升。

二、评价机制：探索构建一套拔尖创新人才培养的评价指标体系

拔尖创新人才的培养标准是坚持立德树人、以德为先的人才培养理念，培养具备爱国情怀、工程伦理意识、扎实基础、实践能力、创新能力、领导能力、全球视野等标准的综合性人才。探索评价拔尖创新人才的体系和方法，可围绕道德品质层面、知识水平层面、创新实践层面、综合素养层面，初步构建三级评价指标体系，见表1。

表1 个性化人才评价指标体系

一级指标	二级指标	三级指标	指标比重
道德品质层面（20%）	公民思想评价	核心价值观	5%
		公民道德标准	5%
	工程道德评价	工程伦理意识	5%
		工匠精神	5%
知识水平层面（30%）	专业知识评价	工科基础知识	10%
		学科专业知识	5%
	综合知识评价	人文社科知识	5%
		艺术素养知识	5%
		交叉学科知识	5%

续表

一级指标	二级指标	三级指标	指标比重
创新实践层面（20%）	创新能力评价	学科竞赛能力	8%
		创新创业能力	4%
	实践能力评价	挂职实习经历	4%
		实践经历	4%
综合素养层面（30%）	组织能力评价	组织协调能力	5%
		领导能力	5%
		资源整合能力	4%
	发展潜力评价	人文素养	8%
		全球视野	8%

1. 道德品质层面评价

评价学生的德育层次，坚持立德树人、以德为先的人才培养理念，培养具备爱国情怀的学生，加强在人才培养过程中家国情怀的培养。加强工程伦理意识教育，注重学生的公民道德意识培养、职业发展道德培养和工匠精神培养。道德品质层面的指标占比20%，其中公民思想评价占比10%（核心价值观5%，公民道德标准5%），工程道德评价占比10%（工程伦理意识5%，工匠精神5%）。

2. 知识水平层面评价

综合评价学生的知识水平，利用必修和选修课程体系，扩充学生的知识面。而学生的知识水平，不仅包括以行业发展为导向的专业基础知识，也包括工科基础知识、学科专业知识、人文社科知识、艺术素养知识、交叉学科知识等，以课程考核的形式进行评价。而为了满足学生个性化需求，探索允许学生选择专业和自由组合课程的方式，实现"一生一方案、一生一课表"的课程体系。知识水平层面的指标占比30%，其中专业知识评价占比15%（工科基础知识10%，学科专业知识5%），综合知识评价占比15%（人文社科知识5%，艺术素养知识5%，交叉学科知识5%）。

3. 创新实践层面评价

探索评价学生实践能力的方法。针对拔尖创新人才的培养，以项目、成果、产品为导向进行评价，考核学生整合资源的能力，包括动手能力、实践能力、操作能力等。以完成项目或产品的形式进行考核和评价。创新实践层面的指标占比20%，其中创新能力评价占比12%（学科竞赛能力8%，创新创业能力4%），实践能力评价占比8%（挂职实习经历4%，实践经历4%），尤其注重鼓励和引导学生参加各类学科竞赛，培养学生的创新实践能力。

4. 综合素养层面评价

探索评价学生组织协调能力、资源整合能力、领导能力、人文素养、全球视野等多方面的综合素养。区别于知识掌握能力，注重从多个角度评价学生的综合素质，促进学生的全面发展。综合素养层面的指标占比30%，其中组织能力评价占比14%（组织协调能力5%，领导能力5%，资源整合能力4%），发展潜力评价占比16%（人文素养8%，全球视野8%），注重对学生的人文素养和全球视野的培养。

三、实施方略：建立多维评价指标融合的学业指导工作体系

促进拔尖创新人才的全面成才，培养卓越学生的综合能力，结合个性化人才的培养，探索对学生成长进行全过程关注和评价的方法，对于学生不同时期、不同层次、不同个体，进行有针对性的指导和评价，探索建立相应的培养方案、管理模式、运行机制和评价体系，探索建立全过程培养拔尖创新人才的评价体系，具体见图1。

（一）注重阶段性，探索全过程的学生评价体系

坚持大一评估与大四评估相结合，注重对学生的成长变化分析，根据学生的成长变化进行针对性分析、定制化培养，注重解决学生的过程性问题、阶段性问题。

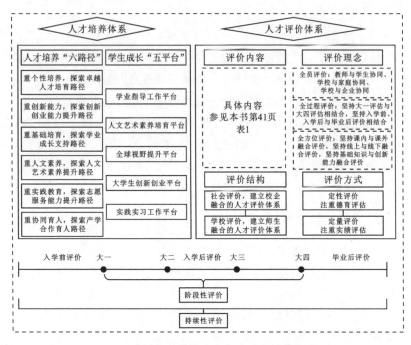

图 1 全过程培养拔尖创新人才的评价体系

大一学年,开展适应性教育,发掘学生个性,进行个性化分类指导,注重课程选择和学习方法的指导,进行知识水平的考核和评价;大二学年,开展满足个性化需求的课程指导、成长指导,进行知识水平、实践能力的考核和评价;大三学年,开展职业规划指导、发展性指导,进行知识水平、实践能力、综合素养的考核和评价;大四学年,开展发展性指导,进行知识水平、实践能力、综合素养的考核和评价。

坚持入学前评价、入学后评价与毕业后评价相结合,注重对学生进行全过程的评价,不仅关注学生的在校表现,更注重学生毕业后的表现,注重对学生的跟踪培养。形成贯穿一生的评价体系,注重长期关怀。入学前评价,注重调研学生的家庭背景和教育背景,了解学生的成长经历,有助于对学生做综合评价,结合家庭走访、家长问卷调研、学生自传等方式开展评价。入学后评价,注重跟踪调研学生的入学后表现,从学业表现、科创表现、学术表现、实践表现、学生活动表现等多个角度来综合评估。毕业后评价,注重对学生的跟踪培养,关注学生的职业发展,了解学生的发展前景,一方面在关键时刻给予学生关注和支持,另一方面利用毕业生数据指导在校生发展。

(二)坚持科学性,构建个性化人才的评价模式

1. 从评价结构维度:融合社会评价与学校评价

一方面是实施社会评价,建立校企融合的人才评价体系,将企业元素有效融入学校的教育教学体系,保障学校的人才培养体系与市场接轨、与行业接轨;另一方面是实施学校评价,建立师生融合的人才评价体系,人才培养首先要经过学校的评价,符合学校对新工科人才培养的基本需求,从教师、学生两个层面对学生进行评价。

2. 从评价理念维度:构建全员全过程全方位的评价体系

一是注重全员评价,教师与学生协同评价、学校与家庭协同评价、学校与企业协同评价。二是全过程评价,坚持大一评估与大四评估相结合,注重对学生的成长变化分析,坚持入学前评价、入学后评价与毕业后评价相结合,注重对学生进行全过程的评价,更注重学生的毕业后表现,注重对学生的跟踪培养。三是全方位评价,坚持课内与课外融合评价,坚持线上与线下融合评价,坚持基础知识与创新能力融合评价。

3. 从评价方式维度:推进定性评价与定量评价相结合

一是定性评价。人才培育体系中,注重加强学生理想信念和价值观引导,注重引导培育学生的家国情怀,加强工程伦理教育,保障引导学生树立正确的价值观。二是定量评价。人才培育体系注重对学生综合素质的定量评价,学业成绩水平、科创成果质量、志愿服务数量、社团组织情况等多个维度,以定量的形式评估学生的综合表现,展示学生的综合实绩情况。

(三)聚焦发展性,构建拔尖创新人才培养的学业指导工作体系

1. 搭建"六路径"人才培养平台

一是重个性培养,探索卓越人才培育路径。拔尖创新人才的培养要注重遵循学生成长规律,尊重学生个体发展特点,注重挖掘学生个

体的潜能,通过机制创新、平台培育、个性支持,全方位地推动学生个体的综合能力提升。

二是重创新能力,探索创新创业能力提升路径。创新是拔尖创新人才的核心特征,也是培养面向未来发展的人才所需要具备的核心素养。要加强学生创新意识、创造素养、创业能力的培养,构建全链条式的学生创新创业教育体系。

三是重基础培育,探索学业成长支持路径。聚焦基础知识提升,帮助学生巩固学习基础,注重交叉学科知识培养,不断扩大知识视野。

四是重人文素养,探索人文艺术素养提升路径。强化美育工作,搭建人文艺术素养培养平台,强化艺术交融和人文教育,不断提升学生的审美能力、人文素养。

五是重实践教育,探索志愿服务能力提升路径。持续推进"行走的思政课"工作,在实践实习过程中提升学生的视野、知识和能力,加强与重点企业、地方政府的合作,搭建多维度的学生实践平台,鼓励学生"把论文写在祖国的大地上"。

六是重协同育人,探索产学合作育人路径。强化产业导向、服务行业发展,进一步加强与国家重点企业合作交流,以培养卓越工程师为导向建立联合培养班,促进产教融合发展。

2. 聚焦育人实际,探索学生成长"五平台"

一是聚焦学习能力的培养,建立学业指导工作平台。开展专业化的学业指导工作,从学习动力、学习方法、学习习惯等多个角度出发,有效提高学生的学习能力,提升学生的学习效率,促进学业成功。二是聚焦艺术素养的培养,建立人文艺术素养培育平台。推进"一生一爱好"的目标,通过人文艺术素养培育平台、第二课堂艺术教育机制、班团美育机制等,培育学生的人文艺术素养。三是聚焦全球视野的培养,建立全球视野提升平台。积极开展国际交流活动,打造国际会议、国际夏令营、国际竞赛、国际义工等国际交流平台,全面推进学生全球视野的提升。四是聚焦创新意识的培养,建立大学生创新创业平台。推动建立全员参与的创新教育模式,支持每位学生参与创新项目,为班级配备"创业校友-专职教师"的创业导师,培育学生的创新能力。五是聚焦实践能力的培养,建立实践实习工作平台。建立"企业-校友-教师-同学-辅导员"五位一体实践育人工作体系，积极动员多方育人资源，支持学生利用假期开展实践实习活动，培养实践能力。

为了加强拔尖创新人才的培养，学业指导应该注重从内在动力和外在环境两个方面引导，挖掘潜力、培养能力，促进学生全面成才。一方面是挖掘内在动力。深入探索学生的个性特征，深入挖掘学生的潜力，探究影响学生学业表现的各类主要影响因素，注重因材施教，解决学生学业表现的内在驱动力问题，引导学生主动思考、主动学习。另一方面是营造外在环境。环境对学生的成长和发展影响极大，因此要积极营造良好的学生成长环境。通过搭建全方位卓越人才学业支持体系，进一步加强学业指导工作平台、人文艺术素养培育平台、全球视野提升平台、大学生创新创业平台、实践实习工作平台的建设，营造良好的成长环境。

分类指导：个性化学业指导模式及路径探论

摘　要：随着高等教育的现代化发展，"以学生为中心"的教育理念越来越被重视，实施个性化教育成为当前教育改革的重要模式之一。高校学业指导工作是学生事务管理的重要内容，实施个性化的学业指导能够有效满足学生的学业发展需求和成长成才需要，符合学科发展需求。培育专业化人才，应结合个体实况，实施精准化发展指导，满足个体成长需要，促进多元化发展，建立科学化的学业指导工作体系，构建师生学业成长共同体，丰富学生的学业发展供给资源，建立"互联网＋学业指导"的学业指导模式，满足学生的个性化发展需求。

关键词：个性化；学业指导；分类指导

　　随着高等教育的现代化发展，"以学生为中心"的教育理念越来越被高等教育管理者、高等教育学者关注，研究"以学生为中心"的教育理念和育人模式成为一个重要的教育学研究议题。探索"以学生为中心"的教育教学模式，在教学模式上实现从"传授模式"到"学习模式"的转变，高等教育应更加关注受教育者的学习获得感和学习成效度。面对更加多样化的学生个体、更加多元化的信息渠道、更加综合化的学生培养目标，探索实施精准供给的教育模式越来越重要，也应该被更多的教育管理者和教育学者关注、研究与实践。

　　教育要以人为本，开展个性化教育是对教育理念和教育真谛的深刻理解与领悟，即以促进受教育者的发展为目标，关注学生个体的需求，发挥精准教育的育人实效，有效解决学生成长和发展中的各类问题。在具体的教育实践中，部分高校开始探索个性化教育的实施路径，探索"一人一规划""一生一课表"等个性化的教育教学方法，旨在关注个性成长需求，实施精准教育，促进个体的全面成长。在高速发展的网络时代，面对学生个性的多样、网络信息的多元，传统的教育教学模式必然面临挑战，因时制宜地开展个性化教育是满足多元个体需求的有效途径。

一、概念与定义：个性化学业指导及其理念

学业指导是高校学生事务管理工作的重要组成部分，是满足学生发展需求的重要途径，通过专业化的学业指导工作可以帮助学生解决学业问题，同时帮助学生厘清发展规划目标，从而获得学习成功。在开展学业指导工作中，融入个性化教育的理念，实施精准化的指导，能够有效解决学生的各类问题，从而促进学生个体的全面发展。

（一）个性化学业指导的概念

"个性化教育"不同于"个性教育"与"个别教育"。"个性教育"强调的是针对个性品质的教育，"个别教育"强调的是针对个别学生的教育，而"个性化教育"更加注重尊重个体的独特性、差异性，强调学生是教育的中心，贯彻"以生为本"的教育理念。在个性化教育的实施过程中，倡导因人而异的指导与规划，充分尊重个体的自主发展，为个体发展提供多元、多样、多类的成长平台，促进学生的全面成才。

学业指导工作同样是以注重学生发展为目标，服务对象是一个个的学生个体，学生个体的学习目标、学习特点及学习风格等各有差异，个体发展需求也不同，实施个性化的学业指导工作具备现实需求。在实施学业指导工作的过程中，通常包括指导学生的专业选择、课程学习、学习计划、学习方法、发展规划等内容，而每个学生的学习特点又有着较大的差异，因此应该积极实施个性化的指导。

从概念上来说，个性化学业指导是通过针对学生个体的学业发展需求，开展精准化的学业指导工作，精准化了解学生个体的学习特征，帮助学生制定个性化的学习发展规划，实现个性化的学习能力提升，从而帮助每一个学生获得学业成功。

（二）个性化学业指导的理念

实施个性化的学业指导工作，在工作理念上遵循"分类指导、科学规划"的育人理念，强调因人而异、因材施教，注重差异化管理、

个性化指导，在指导的原则上强调科学规划，用科学化、专业化的方法帮助学生制订学习计划、提升学习效率、优化学习技巧。

首先，在指导目标上，充分尊重每个学生的独特性和差异性，以满足不同学生的发展需求为目标，强调知识的自我建构与方法的自我习得，通过学业指导，鼓励学生明确学习目标，提升学习动力，具备高效的学习方法，获得清晰的人生目标。其次，在指导方法上，在具体的指导过程中，以激发学生的自主学习动力和提升自主学习能力为导向，注重激发学生的自主性，注重沟通交流，强化学生学习的主动性与自主性。在具体的学习指导目标上，不仅应聚焦具体的知识学习，还应该聚焦学生的学习能力提升，帮助学生获得科学的学习方法，自主建构知识体系，提高学习技巧与学习能力。最后，在指导模式上，强调全过程指导，建立科学化的学业指导工作体系，满足学生个性化的成长需要和发展需求，设立多维度、多层次、多类别的学习指导平台，实现个性化指导并满足差异化发展需求。

（三）个性化学业指导的要点

在实施个性化的学业指导工作时，为确保个性化理念的有效落实，提升个性化指导的精准化、系统化和科学化，在指导要点上遵循"三性"要求，即体现精准性、系统性和人文性。

一是个性化学业指导要体现精准性。在实施个性化学业指导工作过程中，要充分了解每个学生的特点，做好前期调研、沟通和互动，从了解学生的个体特点和需求出发，有针对性地提供资源供给和方法指导，充分体现精准育人的工作目标。二是个性化学业指导要体现系统性。实施个性化学业指导要充分体现系统协调，做好整体规划与发展布局，注重前置性与过程性，前置性地做好学生发展规划，过程性地关注学生发展，注重在学生成长的每个阶段都给予科学化的指导和规划。三是个性化学业指导要体现人文性。任何工作的开展都不应该离开人文因素和人文氛围，离开了人文的浸润就容易缺少灵魂与温度。个性化的学业指导更是需要体现人文情怀，每一个指导对象都是拥有独立灵魂的个体，要进行有深度的互动与有温度的交流。在指导的过程中，要充分关注指导对象的情绪变化、状态变化和思想变化，在细节中体现人文关怀。

二、分类与分别：关注学生学业类型差异及个性特质

学生发展是因人而异的，每个学生都有自己的奋斗目标，其成长轨迹应该有其自身的独特性，要充分把握学生的独特性、社会性、主体性和创造性。每个学科的发展都需要特定的人才，学科特点也决定了人才个性特质。同时，每个学生的现实状况各有不同，因人而异地开展指导和规划是一种有效的工作方法。实施分类规划和分别指导，需要更加关注每一位学生的学业类型的差异性和个体特质的独特性。

（一）符合学科发展需求，培育专业化人才

在新的时代发展背景下，对人才的要求是在不断提升的，从单一素质要求到多元、综合化发展需要，能力的综合化和专业性越来越重要。一方面是德智体美劳全面发展的综合性能力需求。从过去强调德育、重视智育，到现在德智体美劳全面发展，学生的综合素质发展要求已经从单一变为多元，相应的人才培养平台和渠道也不断提升。学生学业指导方面的要求也不局限于具体的课程学习，更多的是在学习能力和综合素养上，鼓励学生全面发展。另一方面是契合行业发展需求的专业化人才。近年来，我们不断强调对传统学科的改革发展，从过去传统的工科、农科、医科、文科到现在的新工科、新农科、新医科、新文科的"四新"建设，人才的专业化要求越来越高，在针对学生的学业指导工作中，需要不断加强专业素养的提升和职业化能力的建设，注重培养学生的职业素养和专业水准。结合学科发展需要和行业发展需要，在学生的学业指导过程中，需要融入企业资源、校友资源，将行业发展融入学生学习过程中，前置性地融入行业发展资源，提升知识的前沿性、实用性，让学生能够更快地了解行业发展信息，更好地融入行业发展，更顺利地投入行业发展。

（二）结合个体实况，实施精准化发展指导

从学生成长和发展的实际情况来看，主要从学生的学习现状来说，学生类别整体可以分为三类，即发展型学生、管教型学生和拖延

型学生。每种学生的特点和问题都不一致，相应的指导方法和指导技巧就应该有差异性。一是发展型学生，其学业成绩优秀，自身的学习自律性较强，能够较好地规划自己的学业与生活，同时对自己的未来发展有较高的期待和要求。针对这类学生的学业指导，更多的是聚焦发展规划与路径选择，帮助学生更清楚地分析自己的优势劣势，更加明确自己的奋斗目标，更清晰地规划自己的发展路径，同时要做好正确、合理的引导，鼓励学生向国家重点行业发展、赴重点领域就业。二是管教型学生，这类学生的自我管理能力不强，往往需要借助外界的力量帮助其规划和管理。针对这类学生，其学业指导应该聚焦方法指导和技巧获得，帮助学生做好时间管理和学业规划。三是拖延型学生，这类学生的自律性较差，往往存在较大的学业困难问题，出现学业困难问题的原因是多样的，有自身学习基础的问题、自我努力不够的原因，也有来自心理等问题的影响，还有来自家庭环境变化的影响等。因此，针对这类学生的学业指导应该采取多样化的举措，需要仔细分析原因并进行有针对性的指导。

（三）满足个体成长需要，促进多元化发展

每一名大学生，从最开始的懵懂与迷茫，到后来的奋斗与选择，都有自己的发展轨迹。整体而言，学生发展主要包括升学、就业、创业等不同类别：有些同学适合从事学术研究，大学毕业后会选择继续深造；有些同学适合在企业发展，大学毕业后会选择就业；有些同学适合创业，毕业后会选择自主创业。满足学生个体的多元化发展需求，应该针对学生的具体发展目标采取措施。针对学术型发展的学生，应积极关注学生学术能力的提升、学术兴趣的培养、学术素养的修得、学术视野的开阔等，帮助学生提升学术研究的兴趣、热情和能力；针对职业型发展的学生，应该积极开展职业素养的提升、行业信息的灌输、就业能力的提升等，发挥好校友资源、企业资源优势，建立校企学生发展指导平台，前置性地开展行业认知教育，鼓励学生走进企业、走入行业，尽快融入企业发展；针对创业型发展的学生，应该不断提升学生的创新意识和创新能力，充分利用校友资源和创业型企业的资源，鼓励学生积极参与各类科技创新竞赛，将专业知识转化为科创作品、创业产品。

三、路径与方法：个性化学业指导的实施行动

"分类指导"是个性化学业指导工作的重点和难点，也是要点。要实现分类指导，就应该建立科学化的学业指导工作体系，构建师生学业促进共同体，丰富学生的学业发展供给资源，同时有效利用互联网资源，建立"互联网＋学业指导"的新型育人模式，满足学生的个性化发展需求。

（一）搭建畅通的师生学业促进共同体

教师与学生之间的"教"与"学"的过程，应该是一个双螺旋式上升的模式，学生在"学"的过程中要学会用"教"的方式进一步提高学习效率，教师在"教"的过程中要学会用"学"的方式进一步提高讲授成效，互促互进的形式能够进一步促进"教"与"学"的融合发展。学业指导工作不仅仅是解决学生学习知识的问题，更重要的是培养学生学会学习的能力，激发其学习动力，因此，应该积极营造出一种师生学业促进共同体的模式，鼓励教师和学生在互动的过程中共同成长。一方面，要鼓励指导者投入更多的精力和时间在学生指导上，鼓励教师将最新的科研成果和最新的行业发展信息融入学生指导过程中，提升知识的前置性、前沿性与科学性，从而提高学生的学习实用性；另一方面，鼓励学生学会自律，学会自我管理，进行主动的学习、建构式的学习，提升学习的科学化水平，不断提升学习动力，优化学习技巧。通过搭建师生学习互动平台，营造师生研讨交流氛围，逐步形成畅通的师生学业促进共同体，让师生在学习、生活过程中相互影响、共同成长。

（二）创建丰富多样的学业发展供给资源

学生的成长需求是多样化的，其发展路径也是多元化的，每个学生的成长都需要对应的内容供给、资源供给和平台供给，实施个性化的学业指导工作，满足不同学生的发展需求，需要创建丰富多样的学业发展供给资源。首先，应该满足基础的知识学习需要，即具体的课程学习、时间管理的技巧等，同时，做好对困难学生的帮扶，提供必

要的学习支持和辅导资源，实现基础的知识获取和能力提升。其次，应该满足学生的发展性需求，即具体的学习方法、学习技巧、学习模式的习得，鼓励学生用科学的方式高效学习，满足具有发展性需求学生的成长需要，为培养学生的学术潜质、职业素养和创新意识提供平台和资源。最后，应该满足学生发展规划的需要，指导和帮助学生结合自身特点、发展需求，合理地规划自己的大学生活和未来人生，并有规划、有方法地鼓励学生成长和发展。

（三）促进互联网与学业指导的有效融合

主动适应新媒体时代的发展，主动契合当代大学生对互联网的依赖与需求，以学生喜闻乐见的方式开展网络化学业指导，提升指导的针对性与实效性。一方面，通过网络平台，进一步丰富学业资源的内容供给，面向学生发展需求，进一步挖掘网络学习资源，同时将学习资源用网络形式进一步推广、实施，主动进行学业指导网络平台拓展，鼓励资源共享与学习互动，将传统的线下互动形式向"线下＋线上"融合的形式发展，用网络平台把传统的学习工作坊迁移到线上，进一步拓展和丰富学习辐射面。另一方面，优化学业资源的内容供给形式，丰富学业资源的来源与渠道，更大限度地丰富学生的学习内容个性化支持、互联网和大数据资源的支撑，为学生提供个性化的资源支持和知识获取，同时更大限度地发掘学生的潜力，用大数据资源精准选择、精准供给。

（四）畅通学生的个性化发展与能力提升渠道

个性化学业发展指导，不能局限于当前的问题解决和困难帮扶，更应该聚焦学生的未来规划与发展支持，要进一步畅通学生的个性化发展和能力提升渠道。一方面，要鼓励学生个性化的发展需求。高等教育的发展，在人才培养成效上应该体现独特性和个性化，培养一批具备不同特质和不同素养的学生，人才培养的标准和机制也应该是多样化的，从评价机制上主动契合不同学生的发展需求，引导学生的个性化发展，激发学生的创造力、想象力和学习力。另一方面，要培育指导教师的个性化育人能力。学业指导教师一般包括专职学业指导师、专任教师、朋辈导师等。在选聘、培育过程中，要注重培养他们个性化教育的思维、能力和素养，主动适应时代发展需要、学生成长需要、知识发展需要，主动实施个性化教育，真正实现个性化培养、因材施教的育人模式。

— 参考文献 —

[1] 刘献君．论"以学生为中心"[J]．高等教育研究，2012（8）：1-6．

[2] 刘献君．高等学校个性化教育探索[J]．高等教育研究，2011（3）：1-9．

[3] 刘献君．个性化教育的十个观念[J]．高等教育研究，2018（9）：1-7．

[4] 陈晏华．美国高校学生学业指导研究[D]．南京：南京师范大学，2014．

[5] 冯建军．论个性化教育的理念[J]．教育科学，2004（2）：11-14．

[6] 李太平，王超．个性课堂及其建构[J]．高等教育研究，2015（12）：63-70．

学生工作的体制创新：
现实困境、改革思路、体制优势

摘　要："大部制"改革现已成为我国行政体制改革的重要措施和渠道，借鉴到高校中，可以有效解决二级院系的组织架构问题，同时有效降低行政成本，提高管理效能和工作效率。当前，学生工作的开展存在一些体制壁垒和育人困境，体制壁垒导致工作机构的融合不够，权责不清导致育人举措的资源重合，体系不完善导致育人实效的体现不足等。基于现有问题，构建学生工作协同机制是发展趋势，从工作理念维度、工作平台维度、工作体制维度出发，倡导共同体育人理念、专业化育人平台和融合式工作机制。学生工作的"大部制"改革，能够有效融合学生工作的各个部门组织力量，有效融合学生工作的各类育人资源，有效融合学生工作的各个育人队伍，充分体现融合思维、系统思维，促进学生工作的提质增效。

关键词："大部制"；学生工作；融合思维；系统思维

近年来，习近平总书记围绕"培养社会主义建设者和接班人"做了系列重要论述，深刻回答高等学校"培养什么人、怎样培养人、为谁培养人"的根本问题，高校要坚持立德树人根本任务，坚持为党育人、为国育才。高校思想政治工作承担着立德树人的重要责任和使命，是加强学生思想政治教育的重要载体，高校学生工作是学校思想政治工作的重要组成部分，而学生工作队伍是落实高校思想政治工作的重要力量。推进高校学生工作的改革发展，适应国家发展需要，顺应时代前进需要，满足学生成长需要，探索建立科学化、系统化、专业化的学生工作体系显得尤为重要。

目前，"大部制"改革成为我国行政体制改革的重要措施和渠道。不少学校进行了实质性探索，也取得了积极的成效，有效解决了二级院系的组织架构问题，同时能有效降低行政成本，提高管理效能和工作效率。而针对高校学生工作体制的"大部制"改革探索尚处于萌芽阶段，尚未形成充足的实践经验。推行学生工作的"大部制"改革能否有效解决现在高校行政管理体制中学生工作所面临的问题，需要高校主动思考和积极实践。

一、现实困境：学生工作发展的体制壁垒和育人困境

长期以来，为推进高校思想政治工作的开展，高校就学生工作体制机制改革、学生工作发展思路及学生工作队伍的建设，都进行了理论思考与实践探索，进一步推进学生工作的科学化、专业化、系统化发展。但是，当前我们的学生工作依然面临着一些困境和问题，比如，体制壁垒导致工作机构的融合不够，权责不清导致育人举措的资源重合，体系不完善导致育人实效的体现不足。诸多问题的存在，阻碍高校学生工作的育人实效体现，亟待进行科学改革、理论研究和实践探索。

（一）体制壁垒导致工作机构的融合不够

为推进学生工作的有效开展，部分高校探索建立了学生工作指导委员会等组织架构，实现学生工作部门之间的统筹、协同和融合，可以有效解决一些现实问题。但是，目前建立学生工作指导委员会的高校只有少数，对于未成立学生工作指导委员会的高校，在推进学生工作的具体举措时，存在一些现实问题。机构壁垒导致联络沟通不够，学生工作的相关部门主要包括学生工作部、研究生工作部和校团委等机构，分别负责本科生的思想政治教育、研究生的思想政治教育及团员教育管理等工作。这些高校因缺少一个顶层组织机构，学生工作的各个部门之间沟通、协调不够，具体事务的开展、具体问题的解决、具体工作的落实等方面的沟通不够畅通，部分高校可能存在"各施其政"的现象。即使成立了学生工作指导委员会的高校，也会存在组织机构的"空置""虚设"等问题，其中一些高校的组织机构可能只是一个停留在"纸面上"的机构，并没有发挥好统筹、协调的作用，依然存在工作机构融合不够的问题。

（二）权责不清导致育人举措的资源重合

学生工作主要包括做好学生的思想政治教育、日常事务管理、安全稳定教育、学风建设、党团班建设等工作，涉及学生成长和发展的

各个方面。通常而言，高校的学生工作部门以学生群体进行分类，即学生工作部主要负责本科生的思想政治教育，研究生工作部主要负责研究生的思想政治教育，校团委主要负责团员的思想政治教育，就业部门主要负责学生的就业指导和职业规划工作，而在具体的工作上，各个部门之间可能存在一定的重合。比如，学生工作部、研究生工作部、校团委都有开展思想政治教育工作，进行爱国主义教育时都有自己一定的工作渠道和载体，如果缺少协同，可能存在各个部门工作举措的重复。比如，党员教育方面，以党员表彰评优为例，学生工作部对本科生的党员进行评优表彰，研究生工作部对研究生的党员进行评优表彰，组织部门对所有学生进行评优表彰，可能会存在重复的问题。在一些专项工作上，也可能存在一定的重合，比如，校团委组织的青年马克思主义者培养工程、就业部门组织的基层挂职实践、研究生工作部组织的选调生挂职实践、学生工作部组织的党员实践队等工作，在具体的工作内容和性质上，可能存在一定重合，因而导致育人资源的重复利用。

（三）体系不完善导致育人实效的体现不足

针对现有高校学生工作体制，部分高校存在学校体制机制上的协同联动不够、工作体系不够完善的问题，导致育人举措、育人平台和育人方法的发掘和运用不足，从而体现为育人实效的不足。一是体系不够完善，导致育人工作举措的连贯性不够。高校思想政治教育工作的开展要有效适应学生成长的需要，遵循学生成长的规律。由于缺乏一个统筹的管理体系，各工作部门在开展学生教育管理工作中，存在思想教育工作不连贯的问题，难以适应学生不同阶段的发展需求，难以形成连续性教育成效，从而影响学生的长远发展。二是体系不够完善，导致育人工作举措的针对性不够。思想政治教育工作要注重"春风化雨、润物无声"，要从潜移默化中解决学生的思想问题，尤其要关注学生个体的发展需要，要有精细化的工作思维。而在学生工作体系不完善的情况下，容易导致工作的精细度不够，从而难以满足学生个体的发展需求。三是体系不够完善，导致育人工作举措的科学性不够。学生工作发展到今天，强调专业化、职业化是必然趋势。注重科学化发展是开展学生工作的要求，系统性不够容易导致学生工作实施举措的科学性不足。

二、创新思路：构建学生工作协同机制是发展趋势

为满足学生工作科学化、精细化、系统化发展的需要，推进学生工作的改革发展，需要努力探索构建学生工作协同管理体系，满足学生个体化发展需求和成长需要，从工作理念维度、工作平台维度、工作体制维度出发，倡导育人共同体理念、专业化育人平台和融合式工作机制。

（一）从理念维度出发，倡导共同体工作思路

推进学生工作体制改革，需要有系统思维，倡导共同体思维，探索构建学生工作育人共同体。一是注重工作体系的连贯性。以"新时代党旗领航工程"育人品牌为例，在党旗领航的工作思路上，以党员发展的时间轴为脉络，从入党前、入党中、入党后几个阶段开展党员教育，从"早日站在党旗下""党旗在我心中""我为党旗添光彩""让党旗高高飘扬"等几个方面开展党员阶段性教育，实现党员教育的连贯性，学生工作的各项工作实施要注重契合学生发展的阶段性发展需求。二是注重工作体系的广泛性。学生工作体系的构建要注重融合和覆盖学生发展的多个方面，从思想教育、学生日常管理、学风建设、安全稳定等各个方面，聚焦学生成长和发展。三是注重工作人员的协同化。加强学生工作队伍之间的交流、交融，畅通工作交流、平台共建、经验共享的渠道，提升学生工作的质量和水平，同时要加强学生个体的交流，本硕博学生贯通发展，加强互促共进，发挥研究生的专业能力、本科生的创新能力，加强学生之间的交流。

（二）从平台维度出发，搭建专业化工作阵地

加强学生工作的改革发展，需要依托专业化的工作阵地，要充分发挥校内校外两个阵地，有效运用线上线下两个阵地，有效完善课内课外两个阵地。一是有效发挥校内校外的育人阵地作用，有效发掘和搭建校外育人阵地，发挥行业企业、政府部门、社会组织等各类育人资源，共同搭建学生培养基地。二是有效应用线上线下两个阵地，发挥好新媒体阵地的育人功能，建立网络思想政治工作阵地，线上线下

协同联动。三是有效完善课内课外两个阵地，既要发挥好第一课堂育人主阵地的作用，重视思政课程和课程思政的作用，建设好精品课程，同时也要重视第二课堂育人阵地的作用，注重课外实践和课外锻炼，鼓励学生参与科技创新，提升学生的实践能力和创新意识。

（三）从体制维度出发，建立融合式工作机制

推进学生工作的改革，要积极探索融合式工作机制，打破机构壁垒、注重融合，打破学科代沟、注重交流，打破年级差异、注重互动。通过建立融合式的工作机制，加强协同联动，促进互动交流，强化共同发展。近年来，不少高校在积极探索学生工作体制机制改革，比如，建立学生工作指导委员会，统筹全校学生工作，并且取得了一定的工作成效。以上海交通大学为例，建立学生工作指导委员会，由校领导担任学生工作指导委员会主任，围绕立德树人工作目标，聚焦"第一课堂和第二课堂相结合、科学素养和人文情怀相结合、教学和科研相结合"的三个结合，搭建"理想信念与思想教育平台、能力建设与人格养成平台、成长服务与事务管理平台"等三大平台，实现育人机制的有效融合，是一种有效的探索和实践，可供借鉴和学习。建立融合式的工作机制，能够有效发挥各类育人资源的功能，有效发掘各类育人平台的作用，同时能够有效融合育人队伍，推进系统性、融合式、科学化的工作机制建设。

三、体制优势："大部制"改革推进构建育人共同体

为应对当前学生工作体制机制、育人平台和发展思路上的困境和问题，构建科学化、专业化的育人体系是未来高校体制机制改革的重要方向，而推进"大部制"改革是当前中国正在积极探索和实践的一种行政机构改革的措施和方案。高等院校也在探索"大部制"改革，以进一步适应当前高等教育的发展，北京大学于1999年实行学部制改革以期实现资源优化，山东大学探索职能部门"大部制"改革以进一步建立扁平化、高效的职能机构。因此，在高等学校改革发展中，积极推进"大部制"改革是一种有效的工作模式和改革思路，值得进一步研究、思考和实践。

高校学生工作是学校思想政治工作的重要组成部分，也是高校教

育教学的重要载体,是实现立德树人工作的重要部分,高校应积极适应时代发展需要、学生成长需要,建立高效、扁平的学生工作体系。以某高校为例,学校为推进学生工作体制改革,将学生工作部、研究生工作部、校团委等工作部门进行统筹融合,建立大学生工作部,下设本科生工作办公室、研究生工作办公室、就业指导与服务中心等机构,同时直接挂靠思政培训研究中心、心理健康教育中心、学生社区工作中心等单位,将学生工作的相关机构部门进行有效的融合。学生工作"大部制"改革,能够有效融合学生工作各个部门组织的力量,有效融合学生工作的各类育人资源,有效融合学生工作的各个育人队伍,充分体现融合思维、系统思维,促进学生工作的提质增效。

(一) 注重协同联动,"大部制"改革推进工作机构的有效互动

推行学生工作的"大部制"改革,是顺应当前高校发展需要和学生成长需要的一种有效探索,在具体的实践过程中,能有效实现相关职能部门之间的协同与联动。通过学生工作的"大部制"改革,有效打破学生管理工作部门的组织壁垒,从而有效统筹各类育人资源,建设各类育人平台,实施各类育人举措,最大限度地促进组织互动、队伍互动、资源互动。以某高校为例,建立"学生工作部",统筹学校本科生、研究生、团委等各学生工作管理力量。如此,建立学生工作管理统筹机构,有助于实现组织机构的统筹、互动、联通,进一步发挥学校各类学生工作部门的协同联动,发掘各类学生工作育人平台的育人功能。

(二) 注重融合发展,"大部制"改革推进个体发展的互促互进

推进学生工作的"大部制"改革,能促进学生个体之间的互促互进,发挥好朋辈引领的作用。一方面,学生的成长与发展来自学校平台的引领,来源于教师的指导和教育,课堂教学与课外互动的推进,能够帮助学生培育品德、掌握知识、提升能力。另一方面,学生的成长与发展更来源于学生个体之间的相互影响,优良的学习氛围、优秀的学子影响、优良的文化浸润,这些因素都会影响学生个体的成长与发展,因此,有效发挥好朋辈引领的作用,能够提升工作实效。本硕

博学生之间存在一定的差异，各自也有一定的特点，应充分发掘低年级学生的创新能力，发挥高年级学生的学术能力，推进朋辈互助，建立学生成长共同体。通过建立统筹协调的学生工作部，将学校的各类学生进行有效的融合，组建"本科生+硕士生+博士生"的成长小组，发挥学生之间思想引领、学习帮扶、就业指导等方面的作用，促进学生全面发展。

（三）注重科学引领，"大部制"改革推进育人举措的专业发展

推进学生工作的"大部制"改革，能有效聚焦学校的各类育人资源，进一步打造一支专业化、职业化的学生工作队伍，通过统筹建设，强化"选优配强、培育发展"，建设一批专业化的学生工作队伍。一是"大部制"的建立有利于队伍的统筹管理。通过建立学生工作部可以有效解决过去不同类型学生工作队伍的分类管理、分别培养、差异培育的问题，可以建立一套系统化、科学化的培育机制，通过建立"部-省-校"几级培训体系，加强学生工作队伍的过程培养。二是"大部制"建立有利于队伍的交流管理。通过搭建互动交流平台，可以让不同类别的学生工作队伍进行互动交流，促进经验传递和问题研讨，提升育人能力和育人水平。三是"大部制"改革有利于育人实效的体现。建立统筹管理机制，可以最大限度地发挥各类育人资源的融合，提升育人平台的育人功能，不断提升育人实效。

— 参考文献 —

[1] 杨练武，吕一军. 高校职能部门实行"大部制"探析 [J]. 教育发展研究，2010（23）：11-14.

[2] 林祥柽，范丽娟. 高校职能部门大部制改革的目标方案与运行机制 [J]. 高校教育管理，2014（4）：25-30.

[3] 卢威，邱法宗. 论高校管理机构的"大部制"改革 [J]. 国家教育行政学院学报，2011（3）：59-63.

[4] 李蓉，陈志刚. "双一流"创建背景下的高校大部制改革建设研究 [J]. 江苏高教，2016（6）：43-46.

中英高校学生支持体系对比研究：
历史溯源、特点剖析与发展启示

摘　要：在全球化发展背景下，教育现代化对高等教育提出更高的要求，针对学生支持体系的发展，可以学习和借鉴国外高校的典型经验和模式，进一步优化国内高校的学生事务管理体系。以英国雷丁大学为例，英国高校心理服务体系具备专业性与预警性特征，生涯指导体系具备个性化与职业化特征，资助体系具备针对性与全程性特征。学习和借鉴英国高校的典型经验，通过优化工作理念，强化学生的价值理念培养，通过完善工作体系，注重实施精准化培养路径，进一步提升高校学生支持体系的科学化、专业化水平，促进学生的全面成才。

关键词：学习支持体系；成人意识；感恩教育；精准思政

2019年2月，中共中央、国务院印发了《中国教育现代化2035》，文件中提出要大力开创教育对外开放新格局，在具体的工作目标和工作举措上，提出要全面提升国际交流合作水平，通过学历学位互认、标准互通、经验互鉴等方式，进一步加大国际合作和国际交流。中国特色社会主义进入新时代，在新时代实现中华民族伟大复兴的中国梦，需要一代一代青年赓续前行。为培养符合时代发展需求的新时代青年，呼唤建立与时俱进的教育体制，推进现代高等教育体制改革和发展，提升人才培养目标的要求，优化人才培养体系。

在当前全球化发展的背景之下，经济全球化、工业全球化，教育同样需要全球化发展，学习和借鉴国外高校的教育理念和教育体系，更有助于优化国内高校的教育改革发展。英国是现代高等教育的发源地之一，在长达几百年的高等教育发展史上，建设了众多杰出的高等学府，剑桥大学、牛津大学、帝国理工学院等高校享誉全球，成为全球各国高校学习和借鉴的目标，英国高等学府的办学模式、教育理念和工作体系有许多值得学习和借鉴的地方。借鉴英国高校的教育体系中学生支持体系的工作理念、工作模式和工作体系，重点以针对学生的资助服务、心理服务、职业规划为例,探寻英国高校学生服务体系的特点与优势,可以助力进一步优化中国高校的学生服务体系,提升中国高校学生事务管理工作的科学性、专业化、全程性和个性化,提升人才培养质量和培养水平。

一、历史溯源：中英高校学生支持体系的起源分析

英国高等学校起源较早,是现代高等教育的发源地之一。以剑桥大学为例,剑桥大学最早实施的"导师制",由导师负责学生的学业、生活、管理等多种职能,英国高校的"导师制"被称为现代学生支持服务体系的起源。随着教育体制的发展改革,"导师制"也与时俱进地得到发展,有部分教师专门负责学生选课等工作,有部分教师负责学生的就业辅导,有部分教师负责学生心理疏导等工作,"导师制"不断发展成学业指导模式、就业指导模式和心理辅导模式等,逐步形成了现代英国高校的学生支持体系。

从职业规划体系来看,英国高校非常注重学生就业能力的提升和发展规划指导,注重加强学生的课外就业经验和生涯规划能力的培养,建立了相对成熟的就业技能培训经验,比如开展与个人发展计划、就业能力提升和红色奖励计划等职业规划相关的工作。从学生资助体系来看,英国高校采取的资助模式为"助学贷款＋助学金"模式,还实行了多年的"免费＋助学金"模式。英国早期成立的"全国学生贷款公司",为广大学生提供贷款服务,针对有不同需求的学生给予奖学金、助学金或困难补助等多种形式的资助。这种"助学贷款＋助学金"的模式在后来也随着社会发展不断变化,经过十几年的调整和改革,一直延续至今。

从心理指导体系来看,英国高校的心理咨询服务机构注重协同化、个性化、科学化指导,包括有完备的工作机构、专业的工作人员、规范的工作流程等,帮助学生及时、有效地梳理心理问题。

中国高校的学生事务工作体系是学生思想政治教育体系中的重要组成部分,中国高等教育的学生事务工作以服务学生的成长和发展为主要目标,包括加强学生的思想政治教育、就业指导服务、学业指导服务、心理指导服务、事务管理服务、资助服务等各大板块。在具体工作的队伍方面,主要是依托思想政治工作队伍来开展,辅导员为承

担高校事务管理的主要工作人员。中国高校的学生事务工作体系具备中国国情特色，是基于中国教育体制的特点和学生个体特征所实施的教育管理模式。

以英国雷丁大学为例，英国雷丁大学的学生支持体系具有较长的发展历史，形成了相对完备、全面、系统的学生支持服务体系，其学生服务体系具备服务的精准化、支持的协同化、管理的法治化、成长的主体化等特征，其工作体系具备借鉴和学习的意义。通过实地探访、当面交流，笔者深入了解以雷丁大学为代表的英国高校学生服务体系的特点与优势，结合中英高校学生事务管理工作的特点与差异，学习和借鉴英国高校学生支持体系的优势，因地制宜地优化现有中国高校的学生事务管理体系。

二、特点剖析：分析英国高校学生支持体系的工作模式

英国高校的学生支持与服务体系，涵盖心理服务、学业指导、职业规划、资助服务等多种职能，全过程关注学生的发展，注重提前预防和过程性的辅导。由于中西方文化的差异性，中英高校在学生支持体系中存在较大的差异。英国高校学生支持体系和服务团队非常注重对学生的人文关怀、个性化指导（分类指导）、自我管理意识的培养，值得学习和借鉴。

（一）专业性与预警性：英国高校心理服务体系的特征

1. 实施职业化指导，保障工作人员的专业性

心理服务体系是英国高校学生支持体系中的重要部分，通过专业化的心理服务体系，帮助学生开展心理疏导、压力疏导，有效化解心理危机问题。一方面，注重队伍的专业化选拔，在心理咨询机构工作人员的选拔过程中，高度强调工作人员的专业性、职业性，注重从专业化人员中选拔；另一方面，注重工作流程的科学性，要求心理咨询人员给学生提供权威性、专业化的建议，强调工作人员的专业化水平、权威性的工作能力。

2. 采取专业化措施，保障危机干预的程序性

针对心理危机问题，英国高校非常注重危机事件处理的程序性，要求所有危机干预事件的处理都要有严格的记录、处理过程、处理程序等。在处理危机事件的时候，高度强调处理学生危机问题的程序性，注重所有工作人员各司其职，强调本职工作的责任感。在处理危机事件的工作原则上，英国高校与中国高校有明显区别，英国高校有明确的工作边界，也就是学校只负责学校应该做的工作，其他的交给社会机构处理，如警察局、医院等，英国家庭也很理解这种处理方式，相对而言，出现家校矛盾的问题比较少。为避免危机事件发生后家校之间出现矛盾，学校在处理各类工作时严格强调程序性和规范性，减少工作职责内的漏洞。

3. 探索预警性机制，保障心理疏导的预见性

注重预防性教育，前置性地解决学生问题。2017年1月，时任英国首相的特雷莎·梅非常重视心理健康教育工作，宣布计划实施心理健康改革发展，并高度重视儿童、年轻人的心理健康发展问题，要求各个高校建立专业化的心理健康辅导机构，开展系列心理辅导工作。除了"一对一"的专业化心理咨询之外，部分高校开展一些探索性的工作，比如，雷丁大学尝试开展面向全体学生的"生活工具包"（life tools）项目，帮助学生正确认知自我、缓解压力、提高专注力，这种生活服务工具能够有效化解学生的心理问题，实施心理疏导。强化学生的预防性教育，并积极开展前置性的疏导工作，能够有效解决学生的各类心理问题，并减少心理危机的出现。

（二）个性化与职业化：英国高校生涯指导体系的特征分析

1. 理念维度：强调工作理念的超前

英国高校在学生的职业生涯规划上非常注重专业化指导，在开展生涯规划时，一般会开展前置性指导，帮助学生做好终身规划和前置性引导。一方面，注重把学生当作客户来指导。开展生涯规划工作时，强化个性化指导（也就是一对一辅导），并及时反馈咨询效果。这种客户模式的咨询能够有效提升咨询效果。另一方面，建立丰富

的、完善的校友库组织。校友对学生的影响是及时有效的,通过校友来对学生开展职业生涯规划显得尤为必要。丰富的校友库组织是有效的生涯指导体系资源。

2. 队伍维度:强调专业队伍的选拔

英国高校在学生的职业生涯队伍方面非常注重专业化,强调生涯队伍的专业化选拔、培育和运用。一方面,从选拔机制来看,英国高校的职业生涯工作人员一般要求具备一定的职业经验,必须从在职场上具备丰富经验的人中择优选拔;另一方面,从队伍的培训机制来看,高度重视队伍的过程培训,不断加强队伍的能力,在咨询队伍的成长过程中高度重视队伍的能力提升,不断加强专业化水平的提升和培育。

3. 意识维度:强调服务意识的培养

如何提升自己的服务意识,提升自己的工作成效,强调工作的实效性?以英国雷丁为例,在学生生涯规划指导方面,进行创新性发展,实施"红色奖励计划"。该计划是为了培养学生的职业能力,通过校内组织的系统培训,帮助学生建立生涯规划理念和职业发展能力,培养一系列素质能力。培训总共有大概50个小时的活动,包括课堂培训、志愿服务、核心活动等,完成该计划的同学将获得由雷丁大学官方颁发的"就业技能证书",这个证书可以为学生的职业能力提供证明。同时,通过"红色奖励计划"可以帮助学生不断努力实现自身发展,这一证书是一种永久性的成绩记录。

(三)针对性与全程性:英国高校资助体系的特征分析

英国高校的资助服务体系包括学费和补助委员会、贷款服务部门、奖助学金服务部门、资助咨询服务部门等。由于政府政策的规定,英国高校的学费在近些年有较大的涨幅。相比英国高校的学费水平,中国高等教育的学费在近20年没有大幅上涨过,这对于中国家庭来说是一个非常大的福利。英国高校的资助体系总体上体现三个方面的特点:对特殊群体的资助、对优秀学生的资助、实施全程化的资助。

1. 强调针对特殊群体的资助

英国高校的学生资助体系强调对特殊群体的资助，帮助特殊群体建立资助体系。关注贫困学生、残疾学生以及心理疾病、就业困难问题，对特殊群体进行人文关怀，开展对不同群体的分类指导。英国国家助学贷款分为三部分：学费贷款、生活费贷款、生活费助学金，其中生活费贷款和生活费助学金是针对贫困学生、残疾学生实施的资助，帮助学生渡过难关。针对不同类型的困难学生群体，采取因人而异的资助政策，体现出了人文关怀。

2. 强调对优秀学生的资助

英国高校的学生资助体系强调对优秀学生的资助，注重给予优秀学生高额的奖助学金，关注优秀学生的发展。英国高校的奖学金体系分为两类，一类是英国高校设立的奖助金（grant），由某些慈善组织或大学、政府设立，面向残疾人等特殊人群，其数额较大；另一类是奖学金（scholarship），有条件的任何组织可以基于任何原因设立，一般用于奖励在学业、学术上有一定贡献的学生，或者在艺术、体育方面有成就的学生，也可以用于满足其他商业需求，这类奖学金是对优秀学生的资助，通过奖学金的形式有效激励学生成长和发展。

3. 强调实现全程生涯的资助

英国高校的学生资助体系强调进行全过程的资助，体现人文关怀和全程关注，尤其是在学生毕业后的人文关怀。在学生毕业后相对困难的时候，这些资助可以适当减轻其还款压力。针对毕业生贷款的还款问题，英国的资助部门制定了不同个体的还款政策，如果毕业生的收入相对较低，学生就暂时不需要还贷，政府的资助力度很大。英国推出了视毕业生薪资水平决定偿贷金额的学生贷款（student loans）制度，在具体的还款政策上，只有当毕业生的年薪高于2.5万英镑时才需要偿还，偿还金额是2.5万英镑以上部分的9%，毕业后30年仍未偿还完的学费贷款，将会一笔勾销。

三、发展启示：有效学习和借鉴英国高校的学生支持体系

(一) 优化工作理念，强化学生的价值理念培养

1. 强化自主意识培养，树立全程意识

自主意识是一个学生必须具备的基本素养，只有帮助学生培养自主学习、自主发展、自主思考的能力，才能帮助学生快速成长。在培养学生的自主意识过程中，需要推动建立一个全过程的支持系统，要注重痕迹意识，全过程记录学生的选课、上课、学业、生活等活动，通过全程性的观察、分析和研究，开展前置性指导、预警性指导。通过全面化的指导，可以帮助学生自主管理、自主服务，进一步提升学生的自主意识能力，培养学生独立思考、自主发展的能力。

2. 深化培育制度改革，树立感恩意识

感恩意识是一个公民应该具备的基本素养。英国高校在学生资助体系中非常注重感恩意识教育，强调对学生的感恩教育，比如，英国高校允许延期博士不及时缴纳学费，减轻学生的学费压力，学生可以在有能力的时候再交。转变学生的观念，设置服务性质的岗位，如公益类奖学金，让学生接受并回馈社会资助。树立感恩意识，这是学生价值观教育、公德教育的重要内容，应该有效融入学生思想政治教育体系中。

3. 优化教育目标导向，树立成人意识

强化学生的自我管理能力提升，树立成人意识。当代大学生均已成长成人，强调成人意识教育是为了更好地帮助学生成长。当下，中国部分高校在学生培养过程中，往往会采取一些"保姆式""家长式"的教育，这种"溺爱"式的教育不利于学生成长、不利于学生发展，应规避。因此，要高度重视培养学生的成人意识，注重在培养体系中加强学生的自主意识教育，强调成人理念。

(二) 完善工作体系，注重实施精准化培养路径

1. 精细发展指导，树立精准意识

目前国内高校的思想政治工作还存在一些不足，比如，工作方式方面，"大水漫灌"较多，"精准滴灌"不足，思想引导的实施力度、教育深度和影响效度还有待提高，精准思政的思维需要有效运用。围绕学生成长的各个方面，即心理、学业、就业、资助等多个方面，实施精准化指导、细致化指导，注重前置性、过程性、程序化处理等，有效解决学生成长中的各类问题；在学生成长过程中的各个阶段、各个方面给予精准化关怀、引导和指导，妥善防范、有效化解、及时处理，帮助学生解决成长中的各类问题。

2. 健全培育体系，树立专业意识

随着时代发展，学生事务工作必然要朝着科学化、专业化方向发展，做到精细化、有针对性的指导，这就需要专业化的学生工作队伍、科学化的工作方法、系统性的工作体系，这就要求树立专业化的发展思路。在工作队伍上，培育一支素质优良、数量充足、结构合理的学生工作队伍，强调选拔过程的专业性、培育过程的全程性、考核过程的激励性，帮助学生工作队伍朝着专业化、专家化、职业化方向发展。在工作体系上，注重建立专业化的工作平台，围绕学生思想教育的各个方面，建立网络思政平台、思政研究平台、实践教育平台等，通过专业化平台促进学生的科学化成长。

3. 深化理念改革，树立人文意识

在人才培养过程中，为培养学生的综合素质，人文关怀显得尤为重要，加强人文素质教育和人文氛围的培养，帮助学生建立更完善的价值观、审美观，更有助于学生成长成才。在理念维度上，高度重视人文素质的重要性。人文素质是学生综合素质的重要组成部分，应将人文素质教育有效融入人才培养的全过程，促进"思政教育＋人文教育""专业教育＋人文教育"的有效融合。在实践维度上，重视人文素质教育的普及，包括搭建人文素质教育基地、建立人文素质教育团队、鼓励学生参与人文素质教育活动、树立人文意识、提升审美能力。

— 参考文献 —

［1］Learning Institute University of Oxford. Guidelines for Applying for Teacher Accreditation ［M］. Oxford：Pergamon Press，2006.

［2］王洛忠，陈江华. 服务与支持：英国里丁大学学生事务管理体系探微 ［J］. 教育研究，2017（2）：152-156.

基于大学生行为习惯分析的学业指导方法

摘　要：大学生的行为习惯是影响大学生学业表现的主要内在因素，会影响大学生的学习兴趣、学习动力、学习效率。通过开展基于大学生行为习惯（包括思维习惯、情绪习惯、生活习惯、学习习惯等）分析的学业指导，形成一个大学生行为习惯四维模型（TELS模型）。将学生个性初步定义为自律型、管教型、拖延型，针对大学生进行基于行为习惯的学业指导，形成一套有效的学业指导方法，开展有针对性的学业指导工作，帮助学生获得学业成功。

关键词：行为习惯；学业指导；大数据

近年来，随着社会对本科教育的高度重视，引导大学生顺利地掌握学习方法、提升学习能力、获得学业成功，成为当代思政工作的重要工作。一直以来，学生学业指导工作都受到国内外高校的高度重视，尤其是在一些欧美高校，很早就在这方面开展了大量的探索工作，很多高校都成立了专门的学业指导机构，到后来发展为学业指导联盟，包括在美国成立的全球学业指导协会（NACADA）、在英国成立的卓越学习联盟（Learn Higher）等机构，促进了学业指导工作的全球化、专业化发展。国内高校，从清华大学在2009年成立大学生学习与发展指导中心开始，各个高校都相继成立专门的学业指导机构，并逐步成立了一些学业指导联盟机构。以北京地区为典型代表，成立了北京高校学业辅导员工作会，后又成立了北京市高等教育学会学业辅导研究分会等专门研究机构。这些机构对于推动国内高校学业指导工作的快速发展起到了很大的作用。

随着时代的发展，网络成为人们生产生活不可或缺的一部分，尤其是大数据思维，在众多领域都得到了很好的应用。而针对学生的学业指导工作，大数据同样有非常大的应用价值。大学生的个性特点、成长特点、行为特点、学业表现等各个方面都可以用大数据思维和工具来研究，得出大学生的行为习惯规律、成长发展规律、个性特点规律，并与学业表现结合分析。

目前已有论文《大数据时代大学生学习方式的实证研究——以H省W市C校为例》中，研究了大数据时代下大学生群体学习方式的改变，学习方式从被动、静态、孤立转为以主体、情境、体验为特征；《基于大数据的高校学生学业成绩预警分析》中，研究了大学生在校表现情况，从学生行为大数据入手，就高校学生学业成绩进行了预警分析，通过大数据研究大学生的学习方式，为学生学业评价提供参考；《基于教育大数据的学业预警模型研究》中，研究了一种基于离群挖掘算法的高校学困生学业预警干预模型；《大数据环境下完善学业预警系统研究》中，构建了一套大数据环境下的学业预警系统。

大学生的行为习惯是影响大学生学业表现的主要内在因素，会影响大学生的学习兴趣、学习动力、学习效率。而已有的研究中，只是针对在校的部分外在表现进行跟踪，缺少对大学生行为习惯的全面分析，或者在大数据分析后未研究针对性的学业指导方法，或者所提供的学业指导建议，研究不够深入、效果不够突出、作用不够明显。因此，通过开展基于大学生行为习惯分析的学业指导，旨在解决大学生学业问题，利用大学生行为习惯四维模型（TELS模型），针对大学生进行基于行为习惯的学业指导，形成一套有效的学业指导方法，开展针对性的学业指导工作，帮助学生获得学业成功。

一、模型建构：探索基于大数据分析的行为习惯四维模型

针对现有研究中的不足或缺陷，本研究提供了一种基于大学生行为习惯分析的学业指导方法，通过构建大学生行为习惯四维模型（TELS模型），采取思维习惯养成方法、情绪习惯管理方法、生活习惯养成方法、学习习惯养成方法等策略，进行自律型学业指导、管教型学业指导、拖延型学业指导，开展针对性的学业指导工作。

为实现上述目的，本研究通过数据调研、分析归纳，提供了一种基于大学生行为习惯分析的学业指导方法，包括以下主要模型建构思路。

一是进行大数据分析。利用大数据原理，对优秀学生的行为习惯

进行深入分析，获得优秀学生的行为习惯特点。行为习惯包括思维习惯、情绪习惯、生活习惯、学习习惯等。利用大数据原理，对学业问题学生的行为习惯进行深入分析，获得学业问题学生的行为习惯特点。

二是建构成长模型。结合优秀学生和学业问题学生的特点，获得大学生行为习惯的四个主要维度，即思维习惯、情绪习惯、生活习惯、学习习惯，形成一个大学生行为习惯四维模型（TELS模型）。其中包含十三个方面的行为能力，即逻辑能力、创造能力、思考能力、适应能力、抗压能力、逆商、生活作息、时间管理能力、事务管理能力、归纳总结能力、分析研究能力、交流讨论能力、资料挖掘能力。

三是建立行为分析方法。基于大学生行为习惯四维模型（TELS模型），获得三种不同类型的学业指导方法。分别通过采用思维习惯养成方法、情绪习惯管理方法、生活习惯养成方法、学习习惯养成方法四个主要策略，进行自律型学业指导、管教型学业指导、拖延型学业指导，这三类学业指导方法分别针对自律型、管教型、拖延型学生个体进行指导。

四是开展行为习惯甄别。对大学生进行行为习惯辨识，即通过访谈、调研等渠道，从思维习惯、情绪习惯、生活习惯、学习习惯四个维度十三个方面着手，获得大学生的行为习惯信息，并进行初步分类，将学生个性初步定义为自律型、管教型和拖延型。

自律型学业指导。对辨识出的自律型学生，进行自律型学业指导，即重点采用思维习惯养成方法。以发展型指导为主，为学生提供学业成长平台，提高学生的全球视野、科学研究能力、创造力、文化素养等。管教型学业指导。对辨识出的管教型学生，进行管教型学业指导，即重点采用生活习惯和学习习惯养成方法。以引导型指导为主，帮助学生合理安排生活作息、获得时间管理和事务管理能力。拖延型学业指导。对辨识出的拖延型学生，进行拖延型学业指导，即重点采用情绪习惯和生活习惯养成方法。利用特定的行为习惯养成计划、特定的情绪掌控方法，帮助学生获得时间管理能力、情绪掌控能力，养成良好的生活习惯，摆脱拖延的个性。

基于行为习惯分析的大学生行为习惯四维模型（TELS模型）具体见图1。

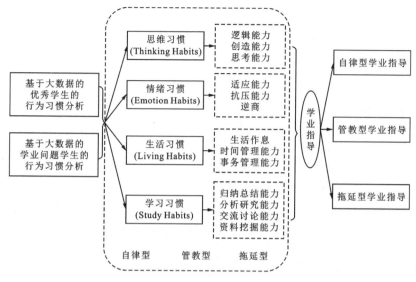

图 1 大学生行为习惯四维模型（TELS 模型）

二、实施方式：基于大学生行为习惯分析的学业指导方法

为了进一步了解基于大学生行为习惯分析的学业指导方法，使得实施路径更加清晰，可通过具体实施方案进行详细解读。

（一）针对"自律型"学生的学业指导实施方案

"自律型"学生的行为习惯特点甄别方法如下。

第一，通过现场测试初步获得学生的逻辑思维特点，评估学生的逻辑思维能力；通过访谈和现场测试，结合学生已开展的科创活动情况，评估学生的创造力水平；通过现场问题引导，评估学生的思考能力。综合评估学生的思维习惯特点。

第二，通过深度访谈和成就事件回顾等方式，初步评估学生的适应能力、抗压能力、逆商等水平，获得学生的情绪习惯特点。

第三，通过深度访谈方式，深度了解学生的生物钟、时间管理能力和事务处理能力，获得学生的生活习惯特点。

第四，通过资料分析、学生访谈、现场测试等方式，获得学生的归纳总结能力、分析研究能力、交流讨论能力、资料挖掘能力水平，获得学生的学习习惯特点。

结合四个维度的行为习惯特点，获得学生的行为习惯分类，分类结果为自律型。

对自律型的学生，进行自律型学业指导，即重点采用思维习惯养成方法。以发展型指导为主，首先，进行学生成长目标指导。最重要的一点是帮助学生确定未来的发展方向，引导学生了解未来发展所需具备的能力、素质和特点，并做好规划，逐步提升自己的各项素养。其次，创造平台支撑，即为培养学生全面发展提供锻炼平台，包括建立国际交流平台、科学研究平台、科技创新竞赛平台、文化素质提升平台等多类平台。最后，要引导学生积极争取锻炼机会，为个人成长提供发展机会，努力培育和提升个人的综合素质。自律型学生的个人行为习惯较好，通过自律型学业指导能够为学生成长提供平台、创造机会，并能明显提升学生成长的目标性、方向性，效果明显。

（二）针对"管教型"学生的学业指导实施方案

"管教型"学生的行为习惯特点甄别方法如下。

第一，通过现场测试初步获得学生的逻辑思维特点，评估学生的逻辑思维能力；通过访谈和现场测试，结合学生已开展的科创活动情况，评估学生的创造力水平；通过现场问题引导，评估学生的思考能力。综合评估学生的思维习惯特点。

第二，通过深度访谈和成就事件回顾等方式，初步评估学生的适应能力、抗压能力、逆商等水平，获得学生的情绪习惯特点。

第三，通过深度访谈方式，深度了解学生的生物钟、时间管理能力和事务分类处理能力，获得学生的生活习惯特点。

第四，通过资料分析、学生访谈、现场测试等方式，获得学生的归纳总结能力、分析研究能力、交流讨论能力、资料挖掘能力水平，获得学生的学习习惯特点。

结合四个维度的行为习惯特点，获得学生的行为习惯分类，分类结果为管教型。

对管教型的学生，进行管教型学业指导，即重点采用生活习惯和学习习惯养成方法。以引导型指导为主，首先同样要进行学生成长目标指导，帮助学生确定未来的发展方向；其次是帮助学生分析自己行为习惯的不足之处，即生活习惯和情绪习惯的不足，找出需要提升的行为特点；最后要进行严格的行为习惯引导，即加强管理和引导，针对学生在行为习惯上的缺陷进行引导，帮助学生养成良好的生活作息，提升时间管理和事务管理能力等。管教型学生基本具备较好的思维习惯，但是在情绪习惯、生活习惯和学习习惯方面还需提升。通过管教型学业指导能够明显改变其行为缺陷，通过管理和引导，明显提升学生成长的目标性，提高学习效率，效果明显。

（三）针对"拖延型"学生的学业指导实施方案

"拖延型"学生的行为习惯特点甄别方法如下。

第一，通过现场测试初步获得学生的逻辑思维特点，评估学生的逻辑思维能力；通过访谈和现场测试，结合学生已开展的科创活动情况，评估学生的创造力水平；通过现场问题引导，评估学生的思考能力。综合评估学生的思维习惯特点。

第二，通过深度访谈和成就事件回顾等方式，初步评估学生的适应能力、抗压能力、逆商水平，获得学生的情绪习惯特点。

第三，通过深度访谈方式，深度了解学生的生物钟、时间管理能力和事务分类处理能力，获得学生的生活习惯特点。

第四，通过资料分析、学生访谈、现场测试等方式，获得学生的归纳总结能力、分析研究能力、交流讨论能力、资料挖掘能力水平，获得学生的学习习惯特点。

结合四个维度的行为习惯特点，获得学生的行为习惯分类，分类结果为拖延型。

对拖延型的学生，进行拖延型学业指导，即重点采用情绪习惯和生活习惯养成方法。首先，帮助学生明确拖延的现状和重点拖延问题，让学生认知拖延对个人成长和发展的不良影响。其次，重点针对学生拖延行为中的重点问题进行引导，采取针对性的措施，可以采取"21天习惯养成""战拖工具""同辈影响法"等策略，帮助学生摆脱拖延问题。最后，在初步摆脱拖延问题的基础上，实施情绪习惯和生活习惯养成策略，帮助学生养成良好的情绪管理习惯，养成良好的生活习惯，从而提升学习效率。拖延型学生的核心问题是"拖延症"，核心指导方法也是拖延引导法，通过拖延型学业指导能够明显改变学生的拖延个性，养成良好的情绪和生活习惯，为学业成长和发展创造条件，效果明显。

— 参考文献 —

[1] 蔡静. 大数据时代大学生学习方式的实证研究——以H省W市C校为例 [D]. 武汉：华中师范大学，2018.

[2] 尹茂竹. 基于大数据的高校学生学业成绩预警分析 [D]. 天津：天津商业大学，2018.

[3] 焦春燕. 基于教育大数据的学业预警模型研究 [J]. 电子技术，2017（9）：11-13，10.

[4] 陈玉芸. 大数据环境下完善学业预警系统研究 [J]. 南宁职业技术学院学报，2018（2）：53-56.

基于生涯发展理论的个性化
人才培养模式探索

摘　要：立德树人是高校的根本使命，如何培养德智体美劳全面发展的时代新人是一项重要的时代命题，深化推进时代新人铸魂工程，构建个性化的人才培养体系有助于高校人才培养质量的提升。通过对学生进行个性特征调研、成长因素调研等，获取学生的成长数据库。在分析策略上，探索学生培育的新工具、新视角、新方法，包括职业生涯策略、文化视角方法、精准思政思维。基于以上调研和分析，建立基于生涯发展理论的学生个性化学业指导模型，分类解决自律型学生、管教型学生、拖延型学生这三类学生问题，采用CASVE循环理论、SMART目标制定方案、SWOT分析法等生涯决策方法，注重指导的"个性化"和"有效性"，在学生的个性化指导上发挥实效。

关键词：生涯发展理论；个性化人才；个性化指导

党的二十大报告提出"全面贯彻党的教育方针，落实立德树人根本任务，培养德智体美劳全面发展的社会主义建设者和接班人"。立德树人是高校的根本任务，做好学生的教育管理工作是高校的重要责任。做好学生教育管理工作，需要走进学生群体、融入学生文化、走向学生生活，去了解学生、关心学生。为了帮助学生快速成长，依托职业生涯规划理论，做好学生的个性化指导，在学生中弘扬主流价值观、树立大局意识、提升综合素养，培育"四个服务"意识，促进每一位学生成为堪当民族复兴重任的时代新人。

一、现状调研：基于学生发展的数据调研和现状分析

以某工科院系的学生为研究重点，通过问卷调查、深度座谈等方式获得学生的基本信息，包括学生的生源情况、现实表现、家庭情

况、兴趣爱好等个体因素，以及家庭、学校、社会等多个方面的成长环境因素。通过深度调研，了解学生的个性特征和成长经历，为后期开展学生的个性化指导奠定基础。

(一) 个性特征调研

1. 学生工作

学生在担任学生干部方面相对比较积极，有超过50%的学生担任了学生干部，大多数立足班级为班级同学服务，其中有10%左右的学生担任班级班长或团支书等职务，负责班级的整体建设工作，对班级建设有积极的推动作用。

2. 家庭情况

有一些学生来自边远地区，家庭贫困的学生居多依然是一个比较突出的问题，据统计，有49%的学生家庭相对贫困，其中家庭极度贫困的学生接近一半，致贫原因排在前两位的是父母患病和家庭经济来源单一。

3. 个性特点

学生中性格内向的人数较多，有31%的学生性格内向。这一性格内向群体的主动交流意愿低、对待别人的帮助往往有抵触情绪、容易受到刺激、集体融入感不强，在团队交流、同学互动等方面还存在一定的问题。

4. 兴趣爱好

学生的兴趣爱好比较广泛，60%以上的学生都至少有一项爱好或特长。学生的爱好种类多样，足球和篮球爱好者最多，而二胡、滑板、登山等也有小众的爱好群体。

(二) 环境因素、人文因素调研

影响个体成长和性格养成的因素通常包括三个方面：环境因素、人文因素和特殊事件因素。针对影响学生成长和发展的各种环境因素（包括家庭、学校、社会等）、人文因素（包括父母、朋友、教师等）、特殊事件因素（成就事件、受挫事件等）进行调查分析，获得学生的成长因素数据，以下主要对环境因素和人文因素进行说明。

1. 环境因素

环境对一个人的成长影响是巨大的，环境因素的影响是潜移默化、润物无声的，环境因素的构成包括家庭环境、学校环境和社会环境。家庭环境方面，94%以上的学生成长在双亲家庭，88%的学生家庭环境比较和谐、相处愉快，家庭成员之间相互关心、关怀，但是也有9%的学生家庭环境不够好，甚至有个别家庭存在相处冷漠、互不关心等情况。学校环境方面，尤其是高中教育环境对学生成长的影响较大，包括对学生的性格养成、习惯养成等方面的影响，学生对高中的整体环境评价为"很好、较好"的比例为64%，评价为"一般"的占34%，评价为"较差、差"的仅2%。社会环境方面，大部分学生所处的地域环境、社会生态环境相对较好，不存在严重影响学生正确价值观形成、性格养成等方面的情况。

2. 人文因素

不同学生父母的教育方式存在一定的差异性，有严格教育型、互动交流型、随意放逐型等类型，其中74%的家庭属于互动交流型，13%的家庭属于严格教育型，个别家庭属于随意放逐型。另外，父母的文化程度对学生的学业发展、能力提升、性格养成也会产生一定的影响。同辈群体对学生的影响主要集中在学业、生活、性格、道德、目标等多个方面，其中对性格的养成和生活方面的影响较大，因此良好的朋辈关系对学生养成良好的性格、形成较好的生活学习习惯具有积极的作用。对学生的世界观、人生观、价值观进行调研，结果显示教师在学生个人价值观形成的过程中有相对较大的影响，教师的有效引导能帮助学生价值观的形成和发展。

二、分析策略：培育学生的新工具、新视角、新方法

（一）新工具：发挥生涯指导的育人力度

职业生涯规划是高校思想政治工作的重要内容，也是对学生开展

职业化指导的重要渠道。职业生涯规划能够科学地帮助大学生做好大学生涯规划、职业选择。

很多大学生因缺乏清晰的发展目标、清晰的生涯规划，缺少精准化的职业指导，对大学生活感到迷茫、困惑，因而在学业上缺乏动力、在生活上缺少乐趣。由于缺失目标，部分学生可能会沉溺于网络游戏，这大概率会导致学业问题、心理问题等问题的出现，不利于学生的健康成长。部分学生因受到生活习惯、文化环境、语言条件的限制，难以融入学生群体，从而更容易出现学业上的迷茫和困境，学校应继续开展专业化、个性化的指导。

利用职业生涯工具开展个性化指导，需要从三方面着手：一是要选择一些好的育人工具，职业生涯规划指导的工具非常多，要针对性地开展指导，需要多尝试、多学习、多优化传统工具，满足学生的个性化需求；二是要培育一支育人队伍，开展专业化的职业生涯规划指导，而培育一支掌握生涯规划理论的思政工作队伍尤为重要，要提升这支队伍的专业化、职业化水平，以有效应对各类学生的需求、解决不同问题；三是要建立一个育人平台，建立学生与育人工作者之间的互动交流平台，保障学生能够及时得到有效的帮助。

（二）新视角：发挥文化视角的育人深度

中华文化博大精深，由不同文化元素组成，要发挥文化育人的重要作用，促进文化交融，通过文化交融营造良好的学习成长氛围，助力学生健康成长。

部分学生在融入文化方面依然存在一定的问题，主要是学生自身的生活习惯、行为方式、思维方式等与其他学生存在一定的差异，导致学生存在文化适应障碍。发挥文化视角的育人力量，从文化育人的新视角来解决学生教育管理的问题，应该从几个角度着力：一是发挥文化的魅力，发挥每个学生的特长，让每一个学生都能从各类文化活动中找到自我、找到自己的优势，从而更有效地融入学生群体；二是提升文化的力量，要善于将各个地域的文化进行有效的融合，开展文化品牌活动，有重点地推进文化育人的作用；三是聚焦文化的渠道，发掘多路径、多维度的文化育人渠道，注重发现新渠道，组织开展文化艺术节等系列活动，营造积极乐观的校园文化氛围。

（三）新方法：发挥精准思政的育人准度

高校思想政治工作要讲究"精准"，要精准地发掘学生的需求点、找到学生的困难点，有针对性地解决学生的问题和困难，才能实现全方位育人的目标。

目前，在学生的教育管理中开展精准思政，还存在一定的困难，一方面是因为学生数量较多，学生个体的差异化教育难以开展，同时，在新时代背景下，学生的个性化发展需求也更趋多元，在开展精准思政的策略上有一定的困难；另一方面是因为开展精准思政的经验不足、方法不够，难以很好地应对每一个学生的需求，工作成效有待提高。利用精准思政方法，使之在学生教育管理中发挥作用，要善于从加强队伍建设、筑牢网络阵地、统筹教育资源、塑造先进典型等方面着力。

加强对学生成长经历的调研分析，构建学生发展大数据库，精准地找到学生的成长难点、堵点、痛点，用精准思政的思维有针对性地了解问题、解决问题、进行帮扶，通过个性化指导、精准化引导等策略，满足学生的个性化发展需求。

三、探索策略：基于生涯发展理论的个性化培养模型

（一）模型：探索个性化培养的"规律性"

在所开展的学生个体特性研究和基于生涯发展策略的学生个性化指导策略研究的基础上，为了确保学生培养的科学性、可持续性和可复制性，探索形成了基于生涯发展理论的个性化学生培养模型。

学生的个性成长因素主要受三类因素的影响：环境因素、人文因素和特殊事件因素。依托这三类因素，基于前期的调研分析结果，建立学生的成长模型。结合学生的职业测评结果、个人综合表现，形成环境影响指标权重。在指导策略上采用 CASVE 循环理论、SMART 目标制定方案、SWOT 分析法等，将生涯发展理论运用于学生的个性化指导上。

(二) 方法：建立"因材施教"的指导策略

基于生涯发展理论的学生个性化学业指导模型（见图1）是以生涯深度访谈为基础、以大数据分析为根据、以职业测评结果为参考，将学生在职业生涯规划方面分为三种类型：自律型学生、管教型学生、拖延型学生，针对这三类学生的不同特点，有侧重地开展分类指导、重点指导。

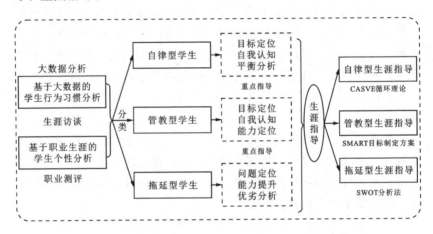

图1 基于生涯发展理论的学生个性化学业指导模型

针对自律型学生，主要是在目标定位、自我认知和平衡分析上着力，这类学生有自己的思考和想法，他们对自己的未来有一定的规划，但是目标不够明确、对自己的认知也不够准确，不清楚自己最适合做什么，采用CASVE循环理论帮助学生一步步完成各项目标；针对管教型学生，重点在目标定位、自我认知、能力定位上着力，帮这类学生明确自己的发展目标，找准方向，他们才能更好地努力，采用SMART目标制定方案，帮学生制订具体的、可量化的、有一定挑战性的工作目标和计划，督促其一步步完成目标任务；针对拖延型学生，主要在问题定位、能力提升、优劣分析上着力，这类学生一般存在各种各样的问题，首先要帮他们做好自我认知，认清楚自己的不足和问题，采用SWOT分析法，找准方向、明确目标。

(三) 特点：注重指导的"个性化"和"实效性"

基于生涯发展理论的学生个性化学业指导模型，前期的学生成长特性研究和发展策略研究，以及个性化培养档案等，有针对性地形成"调研—分析—指导—培育—成长"的全过程学生指导方案，注重个性化指导，注重发挥实效性，满足学生个体的成长需求。

1. 尊重个体，核心是"个性化"

基于生涯发展理论的学生个性化学业指导模型所采取的是个性化指导方案，个性化指导方案是针对每个学生的定制化方案，强调要满足每一个学生的成长需求，在指导方案上注重因材施教，在指导重点上注重因人而异，具有针对性、个性化的特点。

2. 注重实践，重点是"实效性"

基于生涯发展理论的学生个性化学业指导模型坚持遵循学生成长规律、尊重教育教学规律、尊重思想政治工作规律，通过实践探索，满足学生的实际需求。具备实效性是该模型的重要特点。

四、机制探索：建立学生教育管理的长效机制

为了推进学生个性化培养，重点在生涯指导方案和分类指导研究方面开展，对学生进行定制化培养、定制化跟踪、定制化指导。依托个性化培养模型，注重全方位关注学生的综合表现，包括思想动态、行为习惯、学业表现、志愿服务等多个方面，注重全过程关注学生的成长变化，并进行长期跟踪培养。在建立长效机制方面，强调把握以下几个原则。

（一）把握要点，坚持高度融合

帮助学生融入集体建设，进一步强化集体建设力度，通过开展优秀班集体、荣誉集体等活动，促进集体中不同学生之间的交流互动，形成和谐、融洽、团结的集体氛围。加强思想理论和价值引领，推进

融入集体建设，促进集体凝聚力建设，发扬文化融入优势，促进各民族融合团结。

（二）把握重点，坚持榜样引领

重点培育一批学生党员骨干，做好学生入党积极分子、发展对象的培养考察工作，充分发挥优秀学生的先锋引领作用及在学生群体中的影响力、辐射力，不断增强价值引领作用。

（三）把握路径，坚持集体成才

进一步加强学生的集体主义精神教育，培育学生的集体意识、团队意识。加强集体文化建设，鼓励每个党支部、班级、团支部结合集体特点，强化集体文化元素，通过文化渲染影响每一个成员的发展。大力开展集体评优争创工作，通过集体评优提升团队凝聚力。

（四）把握方法，注重文化育人

主动发掘学生的文艺特长，注重引导、培育和宣传，不断推进人文艺术素养教育工作，加强学生在人文素养、文化艺术等活动中的参与度，不断加强文化氛围，强化人文艺术教育，打造文化艺术教育品牌，发挥文化魅力，提升人文艺术素养，推进文化育人工程。

— 参考文献 —

[1] 习近平. 决胜全面建成小康社会夺取新时代中国特色社会主义伟大胜利 [N]. 人民日报，2017-10-28.

[2] 楼仁功，赵启泉. 大学生职业生涯规划指导的探索与实践 [J]. 中国高教研究，2002（6）：89-90.

第三章

方法篇·因材施教的学业指导方法

学校为契合学生学业发展需求，开展因材施教的学业指导，探索建立了内涵丰富、结构合理、形式多样的学业指导工作坊体系。从入学适应引导、学习能力提升、学习方法获得、发展规划指导等多个角度，全方位开展学业发展指导，帮助学生更好地适应大学生活、认知自我需求、合理规划，从而获得大学学业成功。

围绕"大学生学业发展与大学规划"的目标要求，构建下列主要指导主题：认识大学与我的大学——我的大学我做主；自我认知与专业认知——找到认知的"金钥匙"；融入大学与分类规划——找准大学学习的风向标；学习奥秘与高效学习——费曼带你轻松学习；思维导图与课程学习——打开系统学习的"藏宝箱"；时间管理与战"拖"——如何掌控自己的生活和时间；文本制作与技能提升——教你熟练掌握PPT、Word等文本工具；写作技巧与沟通能力——让你变得能说会写；如何规划自己的学业——优秀学习分享；学业成就与未来发展——叩开人生的敲门砖等。

内容包括认知、方法、能力、规划等多个维度，致力于帮助学生明确学习目标、培养学习兴趣、激发学习动力、掌握学习方法、提高学习能力，从不同维度、不同层面，帮助学生认知大学、认知自我、找准目标，全方位助力学生健康成长。

认识大学与我的大学
——我的大学我做主

每年 9 月，新生入学之际，一群肩负使命、怀揣梦想、懵懂好奇的青年学子步入大学的殿堂，他们对未来的大学生活充满期待、憧憬与好奇，未来的大学生活会是什么样的？

同学们可能会经常问到这些问题：大学与高中有什么不同？在大学里我应该学习哪些知识？如何合理分配自己的时间？如何掌握高效的学习方法？如何提升自己的学习能力？我的大学该如何规划？

为了帮助学生更好地认识大学、了解大学、规划大学，我们将围绕以下四个方面，一起探讨尽快适应大学生活的方法，帮助学生尽快融入大学生活、合理规划大学生活。

一、对比高中与大学的差异性与共同点

通过对高中生活和大学生活的对比分析，帮助学生尽快适应大学生活，更快了解和适应大学的变化。

第一个"变"是环境的变化。熟悉和习惯新的环境是适应的第一步，关于环境的变化，我们主要引导学生注意竞争方式的转变、学习动力的转变和人生目标的转变。竞争的方式由显性、短期、单一的转变为隐形、长期、多元。学习的动力由高考的驱动和父母老师的期望转变为自身对专业的兴趣、对未来发展的努力和向往。

第二个"变"是目标的变化。大学之前，从小学、初中到高中，学习更多的是以升学为目标，而进入大学之后，学生学习的目标将更趋多元，有以就业为导向的学习，有以升学为导向的学习，有以创业为导向的学习等，针对不同的学习目标可以开展不同形式的学习模式。在评价标准上，大学之前的评价体系更多倾向于"学习成绩"，而进入大学后，除了学习成绩，创新能力、组织能力、人际交往、文

化体育、全球视野等都很重要。个人目标从单一固定的学业目标变为大学多元化的发展成长目标。

第三个"变"是生活的变化。进入大学后,大学生活变得更丰富多彩,同时会有更多的空余时间进行自主学习、更多自己做决定的自由、更多经济空间的自由,而如何把握好这些自由的时间和空间,则需要有较好的自我管理能力和自我控制能力。

第四个"变"是学业的变化。大学前的课程体系更多的是"被安排",进入大学后,学生们会面临更加"眼花缭乱的课程"。基于培养目标的要求、能力提升的要求、全面发展的要求,在课程安排上会设立更加丰富的课程体系,除了基础课程外,还有通识课程、专业课程、交叉课程,学生有更大的选择空间,这便需要学生有明确的专业兴趣导向和清晰的未来发展规划,科学合理地安排大学课程。

确保学生不迷失方向是适应的关键。通过带领学生比较大学和高中的不同,引导学生正确看待和应对生活的变化,处理好时间安排、自主决定和经济空间的自由。比如,高中时一整天两点一线的学习与大学充足的自习时间相对比,高中时父母老师的全权包办和大学的自主决定相对比等。

准确把握学业的变化,掌握正确的大学学习方法是适应的核心。可以通过对比大学与高中在培养体系、能力提升和全面发展等方面要求上的不同,帮助学生适应大学的学习方式,树立正确的学习目标。比如,从高中固定的学习科目和被动"填鸭式"的应试学习到大学丰富多彩的各类课程的自主学习、个性发展,鼓励学生立志成为全面型、创新型、复合型、应用型人才。

当然,无论是在高中还是大学,成长是"不变"的主题,我们在开展适应性教育时更应该一以贯之地注重学生知识的扩展、能力的提升、阅历的增长、心智的成熟,让学生正确认识变与不变,做成长的主人。

二、正确认识大学,探索成长路径

帮助学生正确认识大学,需要我们准确把握大学的本质。什么是大学?竺可桢先生将大学比喻为"海上之灯塔"。梅贻琦先生曾说:"所谓大学者,非谓有大楼之谓也,有大师之谓也。"哈佛大学原校长艾略特曾说："大学文化最有价值的成果是使学生具有开放的头脑、经过训练而谨慎的思考态度、谦恭的行为，掌握哲学研究方法，全面了解前人积累的思想。"

大学是"连通未来的桥梁"，被赋予了极强的时代性和使命感。高等院校是科学进步的动力源泉之一，对于每个大学生来说，大学是改变命运的舞台。大学的本质是什么？是教育的延伸，从基础教育到大学高等教育，大学肩负着人才培养、科学研究、社会服务、文化传承创新、国际交流合作五大使命。大学以人才培养为己任，关键在于全面提高人才培养能力。高等教育是社会发展的必然产物，服务社会、科教兴国成为高校的重要职能。

那么，每个学生的大学目标又是什么？是为了自身的就业、升学、创业，还是有更高的发展目标，这值得每一个大学生深入思考。

三、掌握综合能力，把握学习节奏

我们要注重培养学生的十项能力来应对崭新的大学生活，把握好大学的节奏，行稳致远。

一是自主学习能力，学会课前预习、课下复习，充分利用各种学习资源实现自我助跑，化被动为主动。二是团队学习能力，积极参加讨论、实践，参与学习小组、学习团队，在竞争与合作中成长。三是时间管理能力，选择正确的学习方法，提高学习效率，做时间的主人。四是人际交往能力，学会沟通与倾听，尝试合作与协调。五是实践动手能力，通过暑期社会实践、寒假母校回访、公益志愿服务，将理论与实践结合，动手、用脑、用心。六是认识世界的能力，学会用所学的科学理论知识更加客观理性地看待世界，树立正确的世界观、人生观、价值观。七是决策能力，通过提供科学决策方法，如SWOT分析法、平衡单分析法等，根据自己的实际情况做出选择。八是规划能力，引导学生学会梳理要做的事和时间节点，做好规划，并能够根据各种变化灵活处理。九是执行能力，告别拖延，学会化整为零、分步执行，提高效率。十是认知能力和基础技能，学会认知自我、认知专业、认知方向，掌握PPT、Word、Excel等基础技能。

四、科学应对挑战，把握发展机遇

纵览大学四年，作为学生的人生导师和知心朋友，教师不仅需要让每艘年轻的航船调整好航行的方向，更要引导学生整体地把握好行进的节奏。

大一，属于"养成期＋适应期"，更多的是要做好适应性工作，主动了解大学环境、大学生活，主动认知学科、了解行业，在熟悉和认知中发掘自己的兴趣点，同时要打牢学业基础。大二，属于"迷茫期＋分化期"，在认知大学的基础上，要开始主动思考未来的发展，要有一个相对清晰的认识，考虑清楚大学毕业后是选择升学、就业，还是创业，并开始为每一个选择做好准备。大三，属于"拼搏期＋成熟期"，在清晰的目标指引下，应该围绕主要目标全力拼搏与奋斗。大四，属于"忙碌期＋收获期"，努力后会有收获，更多的是要做好选择，选择的重要性体现在它可能直接决定了未来几年的发展状况及生活幸福指数。

通过不断地探索和思考，从性格、爱好、能力、天分、潜质、价值观等多个方面来认知自我，从思考"适合什么、喜欢什么、擅长什么"来找寻发展目标，从大局、担当、理性中进行合理选择，了解大学的特点、认清自身的需求、明确未来的方向，在丰富多彩的大学生活中找到适合自己的学习和生活方式，并获得大学学业成功。

自我认知与专业认知
——找到认知的"金钥匙"

大学生从单纯的高中学习环境脱离，进入自由的大学生活中，我们常常会发现，有的同学在入校一段时间后产生了一些"不良反应"，觉得自己不适应大学的节奏，自怨自艾，或者抱怨专业内容和自己想象中的不太一样，学的不是自己感兴趣的内容，于是表现为逐渐懈怠、逃避，最后可能产生一系列问题，如学业困难、就业困难，甚至产生心理问题等。这些结果反映的其实是自我认知和专业认知方面出现问题，没有正确认识所学专业，也没有正确认识自己的专业兴趣和未来发展目标。

所谓自我认知，是对自己行为和心理的察觉和评价。自我认知的方法有很多，为了让学生有较为全面的认识并且有一套系统可以参考，我们可以从职业发展的角度进行探索，从四个维度来引导学生，这四个维度分别是兴趣、性格、能力和价值观。每一个维度都有其专业的测评工具以辅助教学，在兴趣方面，要想知道自己想做什么，做什么让自己快乐，可以利用霍兰德职业兴趣测评工具；在性格方面，要想知道自己适合做什么，做什么感到轻松，可以试试 MBTI 性格评估工具；在能力方面，要想知道自己能够做什么，能胜任什么样的工作，可以利用加德纳多元智能测量工具；在价值观方面，要想知道自己追求的是什么，做什么感到满足，可以试试九型人格测试方法。授人以鱼不如授人以渔，教学的目的是通过让学生掌握相关的测评工具，引导学生持续性展开自我认知。

以性格方面的测评为例，可以利用非常经典的 MBTI 性格评估工具。先进入 MBTI 职业性格测评网站，然后进行答题即可得到测评结果。

我们要提前对结果类型进行全面的收集和分析，以便帮助学生理解自己的结果。MBTI 从四个方面对人的性格进行测量，分别是心理状态、接受信息、决策方式、行事风格。对于每一种性格，我们还可以通过赋予一个典型的职业示例来进行辅助说明。

比如，测试结果为 INFJ，这是一个"保护者"的性格，含有内向、直觉、情感、判断的特点，这类性格的人内向，很难被人了解，但是愿意同自己信任的人分享自我，这类人一般有自己的朋友圈，在自己的朋友圈里拥有激情和活力。适合的职业包括教师、咨询师、作家等。

当然，工具只起到一个辅助作用，其目的是帮助学生学会进行自主反思、自我评价。性格没有好坏之分，它与职业、专业只是匹配度的关系，这一点需要向学生说明。

如果发现学生对测试的兴致不高，我们还可以采取一些有趣的活动。比如，在兴趣方面，带领学生参与一个相关的活动，开展霍兰德职业兴趣测评。首先，给出生涯兴趣岛的介绍，与学生互动，问学生如果必须在六个岛之中选一个岛度过自己难得的假期时光，第一反应会选择哪一个岛。

其次，引申出理论——心理学家霍兰德认为六个岛屿代表着六种典型的生涯兴趣，分别是实际型（R）、研究型（I）、艺术型（A）、社会型（S）、企业型（E）、常规型（C）。展开对六种类型的解释，加上专业、职业的示例，让学生更加清晰地了解兴趣所在。如实际型，该类型的特征为喜欢独立做事，不喜欢社交行为和活动，偏好户外运动，看重对实际成就的物质回报，适合学机械、土木等相关专业，匹配的典型职业有工程师等。

通过不同类别的工具测评，结合学生情况加以诠释，学生就对自己有了一个比较全面的认知。

最后，要引导学生找到适配的专业，在专业中找到适配的方向。在专业认知上，可以通过介绍认识工具和方法，引导学生掌握自主探索专业的能力。我们可以从三个问题出发，引出专业认知的方向。

问题一：是否清楚地知道所学专业的培养目标、学习内容和学习要求？问题二：是否清楚地知道将来从事的职业的工作特点？问题三：是否清楚地知道工作内容和发展方向？

对以上这几个问题展开探索，基本可以逐步解决学生不了解专业的问题，而通过以下途径可获得更多信息。

第一，通过网络搜索资源。在学校的官网上，可以搜索专业的培养计划，了解主要的学习内容；在专业所属的学院官网上，可以搜索该专业的学科水平、师资队伍，看培养氛围如何。

第二,通过课程了解信息。从专业概论课、专业实习与实践方面,了解这个专业主要学什么课程,学习方向有哪些;浏览专业的就业信息,了解毕业后有什么样的发展,能从事什么样的工作。

第三,通过师长获得帮助。可以加强与教师、家长、亲戚、学长/学姐的交流,尤其是从事本行业的学长/学姐,通过他们的描述获得职业信息,以更好地了解专业的未来发展状况。

然而,大量信息的涌入可能会让学生不知所措,感到焦虑。所以,还要帮助学生调整好心态,整合信息、明确目标,正确看待专业选择。

其一,要放平心态,学会科学地进行选择。读书的过程应该是成为更好的自己的一个过程,我们要科学理性地看待各种所谓的排名和外界的评价,适合自己的就是最好的。

其二,学习专业的目标是提升能力。要最大化地利用好资源提高自己的综合素质。在选择专业的时候要从自身出发,认真选择符合自身特点的学习方向和内容。

其三,要提防跟风盲从。所谓热门专业、好就业的专业都是数据体现,不一定符合个人的特点,要理性看待周围的人和网络带来的干扰信息,只有选择适合自己的专业,我们才有动力和克服困难的勇气去学习。

科学决定,坚定执行。要认真做好前期调查,深入访谈包括同学、教师、亲友等相关人员,做相关测试并得出结论,列出决策平衡单,最后做出一个当下所认为的最好的决定,然后坚持下去。多尝试、多试错,了解自己、认知自我,学会为自己创造良好的成长环境,获得大学学业成功。

融入大学与分类规划
——找准大学学习的风向标

随着时代发展，高等教育朝着精细化、精准化、个性化方向发展成为一种趋势，要注重挖掘每一个学生个体的发展潜力和成长潜能，满足学生个体的发展需要。当前，学生思想政治工作的发展，也开始逐步从大水漫灌式向精准滴灌式进行转变，更加凸显对学生个体的关注。围绕这个主题，我们帮助学生更好地适应大学生活，因人而异地制定大学学业规划。

一、角色转变

从中学到大学，学生经历身份的转变、学习环境的转变、学习模式的转变，必然会面临适应性问题。针对角色的转变，需要指导学生正确应变、主动求变，在大学生活中找到自我，为未来的人生发展起好步、搭好桥。

正确应对"变"，要保持知变求变的应对能力。在一个新的阶段、新的环境下，我们首先应该认识大学、读懂大学，才能掌握大学。大学的"变"主要体现在两个词上，即"多元"和"自主"。大学的多元体现在学习生活的多元上，学生可以参与各类活动。大学的自主体现在管理模式上，大学之前，学生的时间更多的是被安排好且被安排满，但是，进入大学后，学生会发现有很多的空余时间，应指导学生获得自主能力。

正确应对"不变"，要保持持之以恒的奋斗精神。大学的不变仍然是努力与收获的对等性。付出总会有收获，不管是专注于课程学习、学术研究，还是科技创新，付出的汗水将会体现在学业成绩、学术成果、创新作品上。大学里，有些学生很忙碌，忙于课程学习、学术研究、学生工作、体育运动、科技创新等，过得非常充实。毕业时，收获满满，撰写简历时会发现大学履历"一张纸放不下"。而另外一些学生，大学似乎过得非常轻松，好像每天除了课程学习没有太多事情可以做，而这种状态往往是来源于对未来的迷茫。

因此，指导学生应对"变"与"不变"时，要强调保持良好心态与从容状态的重要性。保持忙碌而充实的大学生活节奏是一种不错的选择，这样的状态也会给学生的大学生活带来很多惊喜与快乐。

二、分类指导

大学学习与高中学习不同，而这种不同需要我们去识别、应对与掌握。在与很多优秀学生的交流过程中，我们发现他们有几个共同的特点，即能进行合理的时间管理，拥有高效的学习方法和清晰的人生目标。在大学里要获得学业成功，不能靠填鸭式的教学模式，而应该指导学生主动高效学习。

首先，要把握好自己的时间分配。过去，我们做过大量的学情调研，我们发现时间管理是学生最关注的问题之一，也是大家最苦恼的问题之一。合理的时间管理，要做到规划和执行；要学会合理规划自己的时间，制定科学的、适合自己的时间表；要不断提高执行力和行动力。

其次，要掌握自己的学习风格。正如德国哲学家莱布尼茨所说，"世界上没有完全相同的两片树叶"，每个人都是不一样的，因此每个人的学习风格就存在差异性。如何高效学习？应该结合自己的学习风格，匹配合理的学习方法。有的学生喜欢教师讲授的学习模式，有的学生喜欢自我学习的学习模式，还有的学生喜欢互动研讨交流式的学习模式，所以说有"视觉型学习者"，通过"看"学得最好；有"听觉型学习者"，通过"听"学得最好；有"动觉型学习者"，通过"做"学得最好。每个学生应该通过自我判断、他人评价和科学测评等方式，找到属于自己的学习模式，从而找到一种适合自己的高效学习风格。

最后，要掌握科学的学习技巧。有的学生可能会感到困惑，认为自己学得很努力，但考试成绩不如人。这可能应该思考一下学习方法和技巧的问题。知识获取的路径往往具备一定的规律性，只有掌握科学的学习技巧，我们才能事半功倍。学习方法和技巧的探索往往需要通过反复回忆、及时检索、多次测验来实现，循序渐进才能掌握知识获取的规律。

三、科学规划

如何帮助学生合理规划大学学业？需要指导学生积极思考、主动应变、科学规划，选择契合自身特点和发展需求的方式，帮助学生对大学生活进行谋篇与布局。

一方面，要准确把握学生的差异性需求。关于未来的发展，有些学生期望从事学术研究，有些学生期望去企业发展，有些学生期望从事基层治理工作，有些学生期望自主创业等，每个人的选择和目标都存在差异。正是因为这种差异性，每个学生的成长路径才不同，因此要指导学生制定差异化的学业规划。为实现梦想而努力，这就需要学生找到契合自己的内心需求和实际需要的合理规划，比如，未来打算从事学术研究的学生，应该把更多的精力放在学术基础、学术兴趣和学术素养的提升上；未来打算从事创业的学生，在完成自身学业的基础上，应该聚焦提升自己的创新能力和创新意识。

另一方面，要科学指导学生的个性化发展。通常来说，针对学生个体的不同特点，我们可以将学生分为自律型、管教型、拖延型三种类型，通过对三种不同类型学生群体进行有针对性的指导，对学生的学习动力促进机制进行研究。对自律型学生进行有效的资源和平台供给，帮助学生做好学业规划，为学生发展搭建成长平台；对管教型学生进行必要的指导，及时进行有效督导和精准指导；对拖延型学生进行合理的鞭策和激励，如学习方法指导、时间管理指导和行为习惯引导，帮助学生解决拖延和惰性问题。针对三个不同类型的学生进行针对性指导和科学引导，有效激发学生的学习动力。

大学校园是一个非常理想的成长环境，拥有丰富的资源、安静的校园、求知的氛围，在学生思维最活跃的年龄，我们应该指导他们努力去掌握知识、提升能力、培养兴趣，找到自我、坚守初心、求真求实，未来努力去做有价值的事。

学习奥秘与高效学习
——费曼带你轻松学习

"学得很努力,但考试成绩不如人","上课听讲、课后复习、作业都会,考试时却大脑一片空白","考前临时抱佛脚,分数也不错,但考完就忘",这是很多学生的内心独白,一分耕耘到底有没有一分收获?有一部分同学,他们学习态度端正,但成绩却难以提升,尤其是理工科类的学生,成绩差并不是因为不想学,而是学不会,渐渐地也就对学习失去了兴趣,诸多问题随之而来。

针对这类情况,可以在探索高效的学习策略和学习方法上下功夫。学习策略和学习方法是指在学习过程中使用的能够提高学习效率的措施。有些学生在进入大学后没有掌握正确的学习策略和学习方法,导致不会学习,学了也记不住,学了也不会用,理论与实践脱节,表现出学习困难的症状。

一、探索学习的奥秘,了解"遗忘的困惑"

"看了很多书,却依然不能出口成章;背了很多英语单词,却依然不能用英语流利交流;听了很多道理,却依然过不好"。有一部分学生陷入"低水平勤奋"的学习误区,也有一部分学生在学习时会产生"翻开书全都会,合上书全不会"或者"一听就会、一看就懂、一做就错"的尴尬,认知心理学称这种现象为"熟练度错觉"。产生熟练度错觉是因为当你对一个事物"熟悉"时,潜意识中会以为自己熟练掌握了。然而,瞬时的理解记忆不等于长时间的理解记忆,我们都希望过目不忘,但实际的记忆量是符合艾宾浩斯遗忘曲线规律的。

成甲老师的《好好学习》一书里提到,"在原始方法的基础上进行努力,就是低水平的勤奋"。原始方法就是低水平的方法,比如,可以用电脑编程集中处理大量数据,却依然用计算器算,这就是低水平的原始方法。有质量的练习才能提高水平，体育运动锻炼时，高水平的正确练习才能形成正确的肌肉记忆。

德国心理学家赫尔曼·艾宾浩斯系统研究了诵读次数、音节长度、间隔时间等因素对学习、保持、联想和复现这四个记忆阶段的影响，得出了艾宾浩斯遗忘曲线。艾宾浩斯遗忘曲线揭示了规律，也提供了学习方法，就是要合理安排复习。在刚学习后，记忆量会从百分之百的瞬时记忆出现急剧下降，在525分钟左右达到拐点，拐点之后的下降比较平缓。如果在第一次学习后的8至9个小时之间安排复习，在后续的时间里记住的内容会更多。

掌握科学记忆的方式很重要，但是记忆力不等于学习力，在上大学之后，记忆力和学习力不等价的关系越来越明显。当考试题型不固定、标准答案不存在的时候，光靠死记硬背将难以取得理想成绩，怎样的学习方式才更加有效呢？学习的目的并不是要记住知识，而是要运用知识，关键是形成知识体系，主动学习比被动学习效果好。

二、学会高效学习：费曼学习法

学习金字塔是美国缅因州的国家训练实验室研究成果，它用数字形式形象地显示学习者采用不同的学习方式，在两周以后还能记住的内容的多少，形象地呈现出不同学习方式，在两周后所保留的学习效果呈金字塔形。

在塔尖，第一种学习方式是"听讲"，也就是教师在课堂说，学生在课堂听，这种我们最熟悉、最常用的方式，学习效果却是最差的，两周以后学习的内容只能留下5%。而在金字塔基座位置的学习方式是"马上应用，用所学的知识教别人"，研究表明，这种学习方法可以记住90%的学习内容。

爱德加·戴尔提出，学习效果在30%以下的几种传统方式都是个人学习或被动学习；而学习效果在50%以上的，都是团队学习、主动学习和参与式学习。学习金字塔对选择高效学习方法具有重要的指导作用。

被动学习：听讲吸收5%；阅读吸收10%；视觉（图片）加听觉（声音）的上课方式（如视频公开课、PPT讲课等）吸收20%。

主动学习：示范吸收30%；讨论吸收50%；演示吸收75%；教授他人吸收90%。

下面，我们重点了解一下可以实现学习金字塔中学习效率最高、吸收率达到90%的费曼学习法。

教师可能会有这样的烦恼，一个知识点明明已经讲过，学生却不会运用，更别提举一反三。这很可能是因为学生没有真正地去理解知识。这里说的"理解"并不是指读懂概念这么简单，而是能把一个知识点或概念转化为自己的东西进行输出。美籍犹太裔物理学家、加州理工学院物理学教授、1965年诺贝尔物理学奖得主理查德·费曼最先提出这种方法，即费曼学习法。

费曼学习法的四个要点如下。

1. 学习

确定学习目标，对相关知识点进行学习，这是一个输入的过程。

2. 模拟教学

学生用自己的语言去解释这个概念，把所学习和理解的内容讲给其他对这个概念完全陌生的同学听，在讲解时，要尽可能运用简单、准确的语言进行讲解。

3. 回顾

如果学生在解释的时候，遇到了困难和障碍，或者发现自己的表述存在逻辑上的问题，就停下来继续弄清楚，直到表达完全清晰、明确。

4. 简化

采用简洁明确的语言来重新解释，提炼并升华知识，确保对方能够听懂。

费曼学习法是一种高效且深入的学习方法，在实践这个学习法的过程中，我们发现，学生觉得自己听懂了，并不一定表示学会了，如果他能用自己的语言说出来让别人听懂，这才说明是真正学会了。

该学习法的好处有三点。首先，可以避免自我感觉努力，但实际上记忆并不深刻的熟练度错觉；其次，每次发现记忆薄弱和理解不到位的环节，回顾学习的过程能加深对新知识的理解；最后，每次回想都是加深记忆的过程。费曼学习法的科学性在于它是符合大脑的认知规律的、从混乱走向有序的过程，从被动记忆走向主动理解并阐述。

1. 费曼学习法的步骤

① 选择学习的概念；② 设想自己是老师，试图教一名新生；③ 当你感到疑惑或觉得讲不好时，就返回继续学习；④ 直到能用简练的自己的语言讲述知识点。

2. 费曼学习法的两个阶段

（1）初阶。阐述一个概念或讲述一件事情，让他人听懂。

实际运用：将学习内容提炼出主要观点，用自己的话来表述这些观点，因为提炼主要观点比只摘抄笔记或对照书本做题的难度更高，学习效果更好；定期和室友讨论重要的知识点，双方互相提问和回答，并结合遗忘曲线，定期复习回顾可以提升记忆水平；结合测验效应，简答式的测验可以更有效地帮助提升记忆水平；将以教促学和定期回顾测验结合起来。这样可以避免自我感觉努力、产生熟练度错觉、记忆并不深刻的情况；及时发现记忆薄弱和理解不到位的环节，加深对新知识的理解，因为每次回想都是加深记忆的过程。

（2）高阶。阐述一个概念或讲一件事情，让上至 80 岁的老太太下至 3 岁儿童都能听懂。

实际运用：不能只停留在知识点的讲解层面，还要讲清楚这个知识点与我们日常的学习生活有什么关联，以及如何运用。一边学习，一边问自己"为什么"，找到学习的内容和我们已知的知识之间的关联，从而把学到的这些知识和自身的知识体系相结合。

3. 练习费曼学习法的几个小技巧

一是让自己感受"真懂"与"假懂"的差距。先察觉，体会差距后调整，以免听完后觉得很清楚，一复述就磕磕巴巴。二是多体会老师讲课时的环节。复述不出来、回头再看时，可能会发现忽视了某个细节，甚至是一个形容词，缺少这个细节导致说出来不具体、不顺畅、不生动。三是持续输出，熟能生巧。

三、掌握学习的技巧，使用"小工具"构建个人知识库

1. 康奈尔笔记法

康奈尔笔记法又称 5R 笔记法，包括记录（Record）、简化（Reduce）、背诵（Recite）、思考（Reflect）、复习（Review）。5R 笔记法被公认为是效率最高的笔记法之一。5R 笔记法也非常好理解，上课时先记录，下课后对课上讲解的内容和记录的内容进行简化，对重点内容进行背诵和记忆，然后把学习的内容通过思考转化为自己的认识，最后通过复习来对抗遗忘曲线。

2. 思维导图

思维导图可帮助建立知识之间的联系，有助于长期记忆；把不同内容用隶属的层级图联系起来，这样会使得关键词之间的联系非常清楚。

3. 知识卡片

学一个知识点，把它用可视化的方式记录下来。用完全不同的形式展现在卡片上，只有把知识点吃透，才能用其他形式输出。

4. 黄金圈法则：Why、How、What（2W1H）

Why 是思维，更深一层是理念，是信念；How 是规划目标步骤的做法，规划的步骤不能离开 Why 的理念；What 是一个结果和现象，是 How 的结果。从外向内是从现象到本质，学习知识也是从现象到本质的过程，可以帮助理解知识点。由内向外是从我们自己出发，理解为什么要学习，以提升学习动力。

因此，教师在课堂上可多采用视频动画、动手操作、小组讨论、请学生分享讲授等多种手段调动学生多感官参与学习，以提高学习效率。课堂外可以组织晚间宿舍微讲堂等活动形式，请宿舍同学轮流做主讲人，将所学知识或解题思路讲给别人听，查漏补缺，促使宿舍同学一起解决疑难问题。在此类活动过程中，学生既能对所学内容进行复习，也能加深对所学知识的理解与掌握程度。

通过对"学习奥秘与高效学习"的探索，了解艾宾浩斯遗忘曲线、学习金字塔和费曼学习法，帮助学生获得高效的学习方法，掌握学习的奥秘。

思维导图与课程学习
——打开系统学习的"藏宝箱"

在学业指导工作中，针对学生复习备考时期的指导是非常重要的一个环节。当学生面临复习知识点多、复习后面就忘记前面的困扰时，我们应该如何借助科学的思维工具帮助学生提升考前的复习效率呢？我们将重点学习思维导图的概念与使用方式。

思维导图的发明源于一次偶然的发现。英国著名心理学家东尼·博赞在研究大脑的力量和潜能的过程中，发现伟大的艺术家达·芬奇在笔记中使用了许多图画、代号和连线。博赞意识到，这正是达·芬奇拥有超级头脑的秘密所在。受此启发，博赞发明了思维导图这一风靡世界的思维工具。

思维导图实质上是一个思维的自然表达过程，以图形的方式呈现看不见、摸不着的思维结构和路径，使人们的思维过程清晰可见。通过大脑中的神经细胞图片我们可以看出，人类的思维特征是呈放射性的，而思维导图正是模拟人的大脑思维方式，具象地呈现出更清晰的思考逻辑。

思维导图借助可视化手段促进思维的清晰、灵感的产生、创造性思维的形成。因为其具有贴合人的思维逻辑这一特征，所以这一工具非常适合应用于我们的学业指导，带领学生用分层级的线条连接各知识点、建立各个知识点间的内在关联，促进知识的整合，帮助学生的复习思维从混乱到清晰，形成更加缜密的知识结构图。

那具体如何使用这一工具呢？我们绘制思维导图需要经过以下五个重要步骤。

第一，确定中心题及中心图像。中心题是一个思维导图的起点，代表我们要探索的核心问题，在绘制时首先需要选择一个代表中心题的中心图像，我们将它放置在页面的中心，中心图像的选择要注意引人注目且易于联想，有助于我们的大脑在视觉刺激下有更好的反馈。因此，无论是手绘还是在电脑绘制思维导图，选择带有个性化特征的中心图像将帮助我们更好地与所要梳理的内容建立联系。

第二，绘制章节和主干。主干也可以称为关键分支主题，我们应尽可能地、更全面地探索中心题下的子主题，在表述子主题时，最好是选择一个不重复的单词或短语，简短准确的子主题会在我们后期记忆时一目了然。在绘制分支的过程中，主要分支应该紧跟着中心图像，从一点钟位置，按顺时针方向依次绘制，保持整个画面的干净整洁。

第三，绘制分支知识点。在章节和主干基本确定后，我们根据主干分支的内容归类添加二级、三级分支，将知识框架补充得更加具体。思维导图的一大优点在于可以不断地添加新的分支，不会受限于仅有的几个选项，这可以启发学生在学习过程中不断地发挥自己的联想能力与创造能力，织密织牢知识网络。

第四，完成知识点和关键词。我们在每一条分支线应当使用一个唯一的关键词，在整个思维导图的绘制过程中我们都需要注意关键词选择的简洁性、准确性、唯一性，这些关键词可以在我们的大脑中触发知识与知识的联想，更有助于我们记住大量信息。例如，如果一个分支关键词是"生日派对"，也许大家就会被限制在派对的方方面面。但是，如果只简单使用关键词"生日"，那能联想和探索的关键词不仅会有派对，还会有更加丰富的关键词，如礼物、蛋糕等。

第五，根据联想，加上颜色和图像。颜色连接着我们的视觉与逻辑，是帮助大脑创造思维的快捷方式，不同的颜色有分类、强调等不同的作用，可以帮助我们分析、识别出更多之前未被发现的联系。它们被大脑加工，并作为视觉刺激来帮助回想信息。例如，我们可以选择绿色来绘制较为熟悉或简单的章节，用红色来绘制重难点章节。同时，我们可以在思维导图的分支上添加图片以传达更多的信息，相较于单色图像，彩色图像更具吸引力。

通过以上这些步骤我们的思维导图就绘制完成了。在绘制的过程中我们也可以感受到思维导图的优势。首先是灵活性，它能更好地将我们发散性的主观思维客观地呈现出来，在分支上的添加操作也更加自由。其次是高效性，将思维导图运用于学习，可以成倍地提高学习效率，增加学生们对知识的理解和记忆。再次是创造性，通过对颜色、形状、文字等元素的综合使用，思维导图极大地开发了使用者的右脑。最后是集中性，通过思维导图把学习者的主要精力集中在关键的知识点上，一目了然的知识框架让学生们无须浪费时间在那些无关紧要的内容上，节省了宝贵的学习时间。

除了复习备考之外，思维导图同样可以帮助我们更好地指导学生做好课堂笔记，确定小组讨论思路，进行创新科研训练、答辩、课堂展示与个人规划等，这一思维方法可以全方位贯穿学生指导与培养的始终。

通过了解思维导图的概念与绘制方式，在课程复习的指导中使用思维导图将更科学地帮助学生们梳理课程知识、形成知识体系、明确课程重点、提升复习效率，进而在考试中收获满意的成绩。

进行学业指导时最重要的是关注学生！只有帮助学生端正学习态度、养成好的学习习惯，借助科学的学习工具，才能真正提高其学习效率。

时间管理与战"拖"
——如何掌控自己的生活和时间

随着互联网的发展,越来越多的信息进入我们的生活,越来越多本来可以集中的注意力被分散。很多学生都对"怎样平衡学习、学生工作和生活的关系;如何管理好自己的零碎时间、高效学习、战胜拖延症"提出了疑问。

很多学生都觉得自己很忙,而事实上,绝大多数时候,"很忙"其实是一种心理错觉。往往是因为在不该玩的时间玩了,等到最后事情做不完需要熬夜赶进度了,这时的焦虑和忙碌让人印象深刻,所以就会觉得自己总是很忙,事情总是做不完。

我们可以通过一些活动,如"梦想超市"和《时间管理自我评价表》,引入大学时间的概念,让学生意识到时间的宝贵,了解自己的时间使用习惯,从而增强做好时间管理的内驱力。

时间就是生命,时间就是速度,时间就是力量……时间有着无法开源、不可取代、不可再生的特性。时间对每一个人都是公平的,只是每个人的利用效率不一样,提升效率主要靠的就是时间管理。时间管理的对象不是时间,而是每一个使用时间的人,做好自我管理就是管理好时间。掌握时间管理的方法,运用到实践当中,将会一生受益。

做好时间管理,要坚持三大法则,即目标性法则、要事优先法则和组织计划性法则。

第一,目标性法则是时间管理的基础,掌握这项法则即可显著提升时间管理能力。什么是确定的目标呢?管理学中提出过一个SMART目标制定方案,五个字母分别代表五个含义:S代表具体的(Specific),M代表可衡量的(Measurable),A代表可实现的(Attainable),R代表相关的(Relevant),T代表以时间为标准的(Time-bound)。这就是时间管理目标性法则的五个标准。我们可以发现时间管理和目标管理紧密相关。

第二,要事优先法则是时间管理的重要法则。根据四象限原则,任何事情都可以按照重要性和紧急性进行划分，我们优先要做的，就是最重要的事情。有两点值得思考和学习：其一，我们需要把重要的事情放在前面去做；其二，一次只做好一件事。很多人都以自己能同时做多件事而骄傲，例如，担任班长的同时还承担多个组织的学生工作，加入各类科创团队和社团，每天奔波于课堂、例会和各类活动，这类学生往往没有意识到目标太多就是没有目标的体现，过度消耗自己的精力，导致需要去专注处理重要事件的时候，注意力却无法集中。比起做了多少事，做事的专注力和聚焦力更重要。

第三，组织计划性法则是时间管理的关键。我们首先要做出两个判断：一是对自己的时间有一个基本的判断，我们要知道什么是可控时间，什么是非可控时间，什么是高质量时间，什么是中低质量时间；二是搞清楚自己的高质量时间段，整块时间在哪儿，碎片时间又在哪儿。学习、运动等自我提升的活动都需要整块的时间。

接下来，我们在记住原则的基础上，继续探讨时间管理的四大方法。

一是目标分解法。目标分解法有两个维度，一个是人生长期目标，另一个是短期目标。我们要学会区分二者。如果说人的一生是以每一个十年进行计算的，假如一个人能活八十岁，不计算出生后成长期的两个十年和老年期行动不便的后两个十年，中间只剩四个十年。也就是说，实际上你真正要做的长期规划，大概就是四次，看起来非常少，但我们知道，每个十年周期，对人生的选择、事业的发展都是至关重要的，它是一个长期目标，与之相比，一年就是短期目标。

如果我们耗费精力做的事情，不是为了达成目标，那只能算瞎忙。目标分解的正确方式是：从人生目标开始，要确定自己的不足，确定具体的方向、待培养的核心竞争力，进而确定今年的目标。

二是单点突破法。单点突破法是最灵活的、应用场景最多的方法，它是一个完整的闭环结构，包括计划、实施、总结、评估到再次计划。我们每天不可能只做一件事情，特别重要且同时在跟进的事情，可能存在时间上的重叠，比如，期末考试周和大学英语四、六级考试。如何管理好时间，确保每件事情都有序地进行下去呢？针对每一件事情，可以运用单点突破法，真正的时间管理就是从做计划开始的。做完计划后，开始实施，实施过程中对比监督，最后进入总结和评估环节，我们要去复盘，看目标是否实现，通过系统的总结和复盘，就能得出相应的评估意见，从而指导下次做时间管理的规划。

在第一步做计划时，我们可以借助各种时间工具。计划包括年度计划、月度计划、周计划和日计划。在实施过程中，可以运用番茄工作法，选择一项待完成的任务，将番茄时间设为25分钟，专注工作，中途不允许做任何与该任务无关的事，直到番茄时钟响起，短暂休息5分钟，然后开始下一个番茄循环，每4个番茄时段可多休息一会儿。番茄工作法不仅极大地提高工作效率，还会有意想不到的成就感。我们还可以尝试使用GTD时间管理理论，通过记录的方式把头脑中各种事情迁移出来，然后梳理、安排，再执行。

三是核心竞争力法。一项调查表明，每7分钟人们都会刷一次社交软件，平均一天要花三四个小时去做那些没什么价值的事，而不是花费时间去构建自己的核心竞争力。不断构建与强化核心竞争力可以使自己具备巨大的不可替代的优势，如专业能力，演讲、写作、英语技能等，这些都是我们在大学可以潜心修炼的。

四是自我激励法。一般需要从三个方面去理解。第一，要学会自己激励自己。比如，坚持完成21天的习惯养成周期或达成某个成绩时，给自己奖励一份小礼物。量化成果，找到成就感，摆脱拖延症的影响，将事情向前推进。第二，靠他人的激励。寻找一个人格榜样，学习优秀同学的时间管理方法，以此激励自己前进。第三，自己激励他人。成为榜样，形成领导者意识，带领大家去克服拖延症。

在做好时间管理方面，还有一点需要关注的是"时间与精力"的匹配：在精力充沛且时间充裕的情况下，适合处理重要且需耗费精力的事务；在精力充沛但时间不充裕的情况下，适合处理重要且需持续积累的事务；在精力不足但时间充裕的情况下，适合处理不重要且需耗费时间的事务；在精力不足且时间不充裕的情况下，适合处理不重要且机械式的事务。做好精力管理，可以帮助我们更好地进行时间管理。

科学的时间管理方法可以让学生对自己的学习、生活和梦想有比较全面的认识，这种认识不是如空中楼阁一般，而是能实实在在细化到行动中的。

文本制作与技能提升——教你熟练掌握 PPT、Word 等文本工具

如何熟练掌握 PPT、Word 等文本工具的使用？

作为当代大学生，在大学四年的生涯中，都会不可避免地接触到 PPT、Word 等文本工具。无论是完成课程作业、参加学生社团竞选，还是写毕业论文，熟练掌握 PPT、Word 等文本工具都对学生有很大的帮助。接下来，重点讲述 PPT 制作的三大核心能力、五大关键步骤、四大设计原则和 Word 的六个实用小技巧。

一、PPT 制作的三大核心能力

逻辑梳理能力、视觉化表达能力和软件操作能力是 PPT 制作的三大核心能力。

第一，逻辑梳理能力。逻辑梳理是对文字内容进行提炼、整理和排序的梳理过程。在将文字内容放入 PPT 之前，都应该经过这样的梳理。例如，假设有一大段话是介绍比尔·盖茨的主要事迹的，大部分人看了之后，可能会觉得条理很不清楚，仔细梳理之后，我们发现这段话里有一条贯穿整个内容的逻辑线——时间。这时我们重新对它进行梳理、组合，就能使其看起来比较清晰、有条理。

第二，视觉化表达能力。视觉化表达是利用图片、图标、表格等元素将 PPT 的文本信息直观化的过程。这最能体现表达者的设计能力。例如，我们将一大段被梳理好的文字进行进一步的美化设计：优化一下位置布局，删减一些非关键文字，并用一条时间轴把它们连接起来，这将更有助于观众快速把握 PPT 想传达的信息。

第三，软件操作能力。大家都知道，很多时候，想得出来不等同于能做得出来。建议刚入校的大学生静下心来，找一本相关的书，系统地学习软件操作能力。

二、 PPT制作的五大关键步骤、四大设计原则

PPT制作的五大关键步骤：第一步是整理演讲内容；第二步是梳理文本逻辑；第三步是确定PPT风格，将Word文稿导入PPT；第四步是设计美化页面，进行前后调整；第五步是PPT定稿检查。

PPT版式的四大设计原则：对齐原则、对比原则、重复原则和亲密原则。

对齐原则：将页面上的元素都放在PPT的版心，并对其进行上、下、左、右的对齐，从而使页面看起来清晰、连贯，使信息传递更明确、有条理。对齐意味着有序，而我们的眼睛喜欢看到有序的事物，这给人一种稳定、安全的感觉。

对比原则：是指通过各种途径制造对比，使PPT看上去更有冲击力。对比是设计中最能抓住观众眼球的办法。PPT制作中4种常用的对比方式包括字体对比、大小对比、粗细对比、颜色对比。例如，关于一个人物的海报介绍，我们通过利用特殊字体、调整字号和色块面积大小、更改字体和线条粗细、改变元素和图标的颜色，可以使PPT变得更加清晰、更方便阅读、更突出内容、更有冲击力、更容易吸引人们的眼球。

重复原则：为什么有的PPT看起来是零散的，而有的PPT看起来是一个有机整体？这就涉及重复原则。重复原则是指通过元素、颜色、logo、版式的重复，使整个PPT风格保持统一。当一个PPT里有许多张幻灯片时，保持统一风格显得尤为重要。可以重复使用相同的字体、字号、颜色，也可以在图形的样式和布局上重复。任何多次出现在幻灯片上的内容都可称为重复元素。当然，重复并不等于千篇一律，并不是说所有内容都要一模一样，可根据情况灵活调整。

亲密原则：在PPT制作的过程中，梳理归纳关系亲密、层级相近的部分，把相关的内容放一起，可以方便观众观看。亲密性创造了关系，我们通常会认为紧挨在一起的内容有一些关联。PPT中的各项是否紧密排列在一起，通常就是在告诉观众它们是否紧密相关。

三、Word 的六个实用小技巧

1. 技巧一：善于运用模板

选择"文件"中的"新建"，在搜索框内输入关键词（如"个人简历"），即可搜索现成模板。

2. 技巧二：快速显示生僻字读音

选中文字，点击"开始"标签，选择左上方"拼音指南"，不用百度也可以读懂这些生僻字！

3. 技巧三：自动删除多余空格

选择"替换"，在查找框输入"∧32"，替换框留空，全部替换，空格即可去除。

4. 技巧四

多段落合而为一：选择"替换"，在查找框输入"∧p"，替换框留空，全部替换，即可将段落合而为一。

5. 技巧五

纵向选择文本：Word 默认的是一行一行地选择文本，但如果长按 Alt 键，就可以实现纵向选择文本。

6. 技巧六：连续使用格式刷

选中自己需要的格式，双击格式刷按钮，会使鼠标一直处于带有格式刷的状态，这样就可以连续粘贴格式了。

写作技巧与沟通能力
——让你变得能说会写

不会写作、不会沟通是学生在成长过程中较常见的困难。我们聚焦"认识""思维""技巧""坚持"这四个关键词，来谈一谈如何引导学生正确认识并不断提升写作能力与沟通能力。

一、关键词"认识"，认识到写作与沟通是一门"必杀技"

普林斯顿大学对本科毕业生提出的十二项标准中，把"具有清晰的思维、谈吐，以及写作的能力"放在首位，大多数企事业单位也把"善于沟通、善于总结分享"作为招聘条件之一，这说明写作能力和沟通能力已然成为新时代青年必须掌握的技能。写作一般分为应用性写作和文学性写作。对学生而言，大多时候接触到的是和总结、报告、申优材料等相关的实用文章写作。无论写作能力是否突出，我们都要引导学生正确认识写作能力和沟通能力，敢于正视现状，不能畏惧、不能逃避，要敢于通过合理的方式突破瓶颈、获得提升。

二、关键词"思维"，要注重培养写作与沟通的正确思维方式

思维方式是人们的理性认识方式，是思考问题的根本方法，对个体的言行起决定性作用。一个人写作与沟通的习惯其实就是逻辑思维方式的一种体现，以其中的批判性思维和结构化思维为例，我们来看这两种思维是如何指导沟通和写作的。

我们用图尔敏论证模型（见图1）来演绎批判性思维，这张结构

图反映了批判性思维的过程,即从既定事实得出观点的过程。D(Data)代表事实,W(Warrant)代表普遍性原则,B(Backing)代表必要前提。根据事实并结合原则,我们会得出一个结论。已知 R(Rebuttal)是辩驳结论的反例,会对结论的产生进行范围和强度的限定(Q,Qualifier),结合 B、W、R 就会产生基于事实的观点,也就是 C(Claim)。

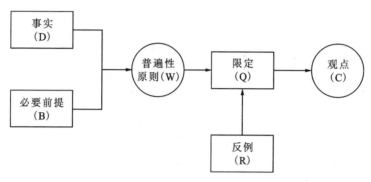

图 1 图尔敏论证模型

我们用一个实例来说明。假设小明出生在武汉,如何得出小明是中国人的观点呢?小明出生在武汉是既定的事实,根据普遍性原则,在武汉出生的是中国人。那我们可以得出小明一定是中国人这个结论吗?显然不能,因为存在一种特殊情况,即小明的父母是外国人。基于这点考虑,我们可以得出小明很有可能但并不一定是中国人这个结论。这就是批判性思维的逻辑,在既定事实上施加不同强度的反例,使得产生的观点更具有准确性和独立性。

结构化思维是一种更为常见的思维方式,表现为多元化思考、系统性梳理,继而形成清晰明了的框架和体系。结构化思维在指导沟通和写作时,可分为明确主题、搭建框架、丰富内容这三个步骤,主题一般要能提纲挈领、开门见山,框架可以按时间先后、步骤顺序、要素轻重等进行搭建,内容要饱满,最好列举一些生动的事例,这样就能实现高质量的沟通和写作。

三、关键词"技巧",写作和沟通本质上是一种信息传播

通过什么渠道、向谁传播了什么信息,产生了什么效果,这就是

信息传播，写作和沟通的本质即信息传播。以学生最常接触的事迹材料撰写为例，在评选和宣传先进典型时，标题和正文的设计要别具匠心。一个好的标题能画龙点睛、令人耳目一新，既要高度概括，又要体现行文思想，展现人物精神；正文要分配好开头、主体、结尾三部分的比重，开头简明扼要、干净利落，呈现概括信息；主体有张有弛，层次分明，每段第一句使用小标题总结概括，需要注意前后内容的均衡协调，不出现重复信息；结尾立意高远，呼应开头，表述决心，展望未来；成文之后反复对字句措辞进行修饰，就能产生高质量的文章。

再谈谈沟通技巧。说话是一门技术活，会说话的人往往会秉持同理心、友善心、包容心、共赢心，同时使用恰当的演讲技巧。同理心表现为尊重对方，善于换位思考，不会过于自我；友善心表现为真诚和善、积极乐观，全心投入并享受；包容心表现为互相信任、轻松愉悦，不过分计较、不易暴易怒；共赢心表现为并非一味索取或一味付出，实现双赢才是最有效的沟通。除了保持这四种心理状态，还可使用一种高效演讲的框架（即 RAP 原则），用于沟通的提质增效。R（Result）意为带着结果去演讲，即对沟通之后可能达成的结果有一定的心理预期；A（Audience）意为从听众的角度出发，根据不同群体和需求调整措辞和语言风格，激发听众的兴趣；P（Point）意为言简意赅，善于提炼简短精悍的内容要点，不显烦琐、拖沓。掌握以上这几点技巧，能够有效提升沟通的水平。

此外，学会倾听也是提升沟通质量的重要环节之一。在倾听的过程中，我们会不自觉地扮演不同的角色，进而影响沟通发展的方向。比如，小明和小华都是大四的学生，阴雨连绵的一天，小华来找小明时说"最近面试几家公司，感觉不太顺利"，如果你是小明，你会怎么回答？不同回答代表着不同的角色扮演，如人生导师、正义之士、共情朋友等，不同的角色扮演将会产生不同的沟通结果。其实有效倾听等同于有效提问，倾听过程中有一个 FOSSA（Feeling, Object, Situation, Solution, Action）的提问原则，是指通过提问来发现对方真实的想法，获取对方的真实感受，针对现状提出解决措施，进而达成共识，形成有效沟通。

四、关键词"坚持",能力的提升需要坚持不懈的练习

冰冻三尺非一日之寒,只有长期练习才能不断找到技巧、优化方法,一般可以从积累、复盘、复述、即兴表达这四个方面着手练习。积累可从感兴趣的内容入手,做好整理归纳,而后根据艾宾浩斯遗忘曲线规律不断重复记忆;复盘是总结经验教训、不断革新方法和技巧的必备过程,通过主动思考探索规律,将经历变成经验;复述是在短时间内提升表达能力最有效的方法之一,通过表述或转述他人观点,将"他学"变为"己用";即兴表达主要锻炼应急应变能力,可通过对某一话题的即兴阐述,来提升知识点梳理的速度和流畅度,进而提升自己的思维能力。

"认识""思维""技巧""坚持"这四个关键词,在引导学生能说会写的过程中,发挥着极其重要的作用。要让学生充分认识到写作能力和沟通能力反映了自身的思维方式,考验着自身的知识储备,需要坚持不懈地练习。学生只有从内心深处认同了这一观点,才能不断激励自己,勇于思考,善于总结,主动寻求突破,进而获得最快的成长。

学业成就与未来发展
——叩开人生的敲门砖

掌握未来发展的方向，叩开人生的敲门砖，需要关注四个方面："知"——认知自我的学业发展目标；"选"——运用科学的方法做好人生的选择题；"规"——规划好适合自己的人生路径；"行"——启迪学生通过实际行动付诸实践。

曾经有一个非常著名的关于目标对人生影响的跟踪调查案例，调查对象是一群智力、学历、环境等条件差不多的年轻人，调查结果发现：27%的人没有目标，60%的人目标模糊，10%的人有清晰但比较短期的目标，3%的人有清晰且长期的目标。经过25年的跟踪研究，发现他们的生活状况及分布现象有一定规律，有清晰且长期的目标的人成为行业领袖、社会精英，有清晰但比较短期的目标的人成为各个领域中的专业人士，目标模糊的人没有什么特别的成绩，没有目标的人过得很不如意。因此，对于在校大学生来说，处在人生新的起点，目标和方向非常重要。

一、"知"——认知自我的学业成就发展目标

制作一份自己的学业简历。教师可以先用一份学业简历样例进行讲解，让学生了解在大学结束后，学业简历上可以呈现学科成绩、科研成果、创新经历、实践履历、技能水平等；按照简历内容的侧重，可分为学术型、创新型、社交型、实践型、专注型等不同类型。然后，让学生尝试对自己目前的学业成就进行梳理并制作一份自己的学业简历，通过简历可以清晰地认知学业成就。另外，还会让学生设计一份自己在大学毕业时想拥有的学业简历，通过简历可以看出大家的学业目标和期待。

二、"选"——运用科学的方法做好人生的选择题

以 SWOT 分析法为例,教会学生运用科学的方法做好人生的选择题。首先,向学生阐述清楚 SWOT 分析法的具体定义、主要内容、分析的模型。其次,以我校一名大二学生为案例,讲解 SWOT 分析法的应用与规则,与学生一起分析这道选择题。最后,让大家结合自身情况,实际运用 SWOT 分析法对自己的学业进行分析,加深学生的理解。

三、"规"——规划好适合自己的人生路径

让学生了解规划要考虑的因素及规划可以运用到的方法。首先,与学生分享大学生常见的三种发展规划,包括升学、就业、创业,对三种规划中更详细的方向一一进行讲解,并以我校大学生就业报告为例,让学生对我校毕业生总体的规划路径有一个宏观的了解。其次,让学生了解规划与目标是紧密相连的,我们可以根据长远目标、阶段目标和当下需求,进行长期、中期及短期的规划。在规划中,时间管理非常重要,与学生一同回顾 GTD 番茄工作法,并探讨如何将其运用于人生规划中。最后,向学生介绍人生规划的九宫格,引导学生在规划中运用九宫格的思维,对照自己的目标,全面地做好规划。

四、"行"——启迪学生通过实际行动付诸实践

引导学生从德智体美劳全面发展的角度,全面思考未来的奋斗历程。首先,学习是学生的本职任务,大学与高中的学习差别导致大家急需从学习能力、学习方法和学习技巧等方面进行全面的升级,更快更好地适应大学的学习研究。其次,身体健康也非常重要,要想拥有一个健康的体魄,就要从体育兴趣、体育乐趣、体育精神等方面了解并投入体育运动。再次,除了课本上的专业知识,全面地掌握其他知识也十分重要,在大学期间,也要多读书、读好书,养成好的读书习惯。此外,要成长为全面发展的大学生,还需掌握许多能力,包括协

作、实践等各项能力,这些都需要学生在未来的成长路径中一一历练。结合第三部分"规"的内容,再次强调需要理性抉择、合理规划。最后,提醒大家要在学校良好的人文素质教育氛围中接收美育熏陶、汲取精神力量。

结合优秀学子的案例内容,讨论分享者的学业成就,以及他们为了达到这样的学业成就,做了哪些努力和尝试,并引导学生思考自己对未来的认知、选择、规划与行动。通过这样的讨论与思考,让大家交换观点、交流心得,进一步加深学生对课程的理解,鼓励大家向着目标进发。

总体来说,通过本章内容的融会贯通,对总体课程内容再次进行强化,让学生明白如何将所学内容运用于实际生活,更好地规划未来的大学生活,获得学业成功。

第四章

故事篇·蜕变与成长的故事与启示

学校不仅要以拔尖创新人才培养为目标，为优秀学生的发展提供发展资源、发展平台和发展路径，帮助他们进入更高的发展舞台；还应该关注后进学生的成长，而且应该投入更多的资源和精力去帮助这些学生的发展。"每个学生都是家庭的100%"，如果我们能够采取有效的指导措施帮助学生走出困境、走出迷茫、走出低谷，深度发掘每一个学生的发展潜力，让学生找到未来的人生目标、发展方向和成长动力，这更加体现教育的价值。而做好针对后进学生的帮扶工作，需要注重开展深层次的探究、专业化的指导，并提供发展性的建议，从而更好地发现问题、找寻规律、促进发展。

一是要注重实施深层次指导，实现内因驱动、外力助推。通过与学生的深度访谈交流，深度了解学生的成长经历和发展困境；结合朋辈辅导、个体辅导等方法，通过内因驱动实现思想转变；通过外力助推，实现行为转变。

二是要注重实施专业化指导，开展职业规划、生涯指导。专业化的发展规划指导理论是具备实用价值的，CASVE循环理论、生涯发展理论等生涯发展理论，以及倾听技术、价值观分类卡、决策平衡单等生涯发展工具都有很强的实用性，熟练运用好各项生涯指导工作，能够帮助我们更加科学地指导学生发展。

三是要注重实施发展性指导，体现人文关注、价值导向。在解决学生问题的同时，需要关注学生的发展，也就是要用发展的眼光看待学生，实施发展性的指导。实施发展性的指导需要体现人文关怀，即在学生指导过程中注重个体需求、个体特征，形成结合学生个体需求的发展指导方案。同时，在发展指导过程中，要强化价值引领，帮助学生树立正确的价值观。

发掘内因的学业指导个案分析

高校以人才培养为中心，按照"人人皆可成才、人人尽展其才"的教育理念，不仅要关注优秀学生的培养，更要投入时间和精力在后进学生的培养上，探索形成一套针对后进学生的发展指导方法。

长期的办学实践和分析调研表明，学生中存在各类困难群体，困难主要包括家庭经济困难、性格内向导致的社交困难、就业问题、心理障碍引起的心理问题、学业困难等。经济困难、心理问题、学业困难等成为影响大学生发展的主要困难因素，其中学业困难又成为最主要的困难因素之一，学业困难也容易引发包括心理问题、就业问题等系列问题。

导致学业困难的原因有很多，比如，自我管理能力较差，沉迷网络游戏、电子书等，不可自拔；目标缺失，懒惰、盲目、无追求，学习无动力；学习方法问题，底子偏差，学习有困难；排斥专业，不愿学习；家庭突发变故，心态难以调整；心理问题导致学习的障碍，等等。

针对大学生学业问题，国外在学业指导领域已有丰富的经验，1979年全球学业指导协会（NACADA）成立，标志着学业指导开始逐步走向专业化；国内高校也在逐步探索具有中国特色的学业指导方法，主要以2009年清华大学成立"学习与发展指导中心"开始，各高校开始成立校院两级的学业发展指导中心，逐步探索建立专业化的学业指导工作体系。

在顶尖的高校，也会存在一部分学业困难群体，他们缺失目标、没有动力、缺少方法，导致难以适应大学生活，难以调整学习状态，出现迷茫、厌学等情况，甚至部分学生退学、没法毕业。作为高校教育工作者，我们该做什么，能做什么？能否通过我们的行动帮助这些学生？针对特殊群体的学业问题，需要多维度地开展思想上的引导、行为上的指导，找寻规律、总结经验、探索方法，需要高校教育工作者投入更多的时间和精力去帮助这类学生群体走出困境，建立针对特殊个案的个性化发展指导方案。

以下案例为某院系学生的案例，简述在解决学业困难的问题上，采取发掘内因的个体学业辅导方法，重点突出内因驱动和外力助推、思想和行为的协同引导。

一、案例概述

每个学生的成长经历不同、个体特征不同、思维方式和行为习惯也不同，学生出现的问题也不尽相同，其形成的内在原因也不同。要彻底解决学生个体的问题，需要深入了解学生个体的成长经历，因人而异地探究困难根源，因人施策地解决学生问题。

案例一：同学 A

大一时，该同学在学业和生活等方面均表现正常，从大二开始，受一些变故影响，内心波动较大，长时间难以调整情绪，不愿意与人沟通，采取逃避的方式面对一切；沉迷游戏、逃课，直到出现多门课程考试挂科的情况。截至大三开学，多达 10 门课程考试挂科，面临严重的学业困难问题。从大三开始，我们通过采取个体辅导、朋辈辅导等方法，从挖掘内因出发，找出问题的根源，并采取针对性的措施，从思想和行为两方面着手，逐渐帮其恢复信心，学业指导效果明显。目前该同学已经通过所有课程考试，顺利毕业。

案例二：同学 B

该同学大一时沉迷于看小说、玩游戏，导致前两年共 14 门课程考试挂科，学业问题非常严重。后来，在大三学年通过年级、班级主要学生干部、同寝室同学给予的种种帮助，其大三学年只有 2 门课程考试出现挂科，大四无挂科，目前已经基本通过了之前的挂科课程考试，顺利毕业。

案例三：同学 C

该同学的家庭发生了一些变故，导致自身心态发生了很大变化，从大二开始出现严重的挂科现象，截至大三上学期结束，共有13门课程考试挂科，面临严重的学业问题。后来，通过班级学生干部和党员的耐心帮助，逐渐让其恢复信心，毕业前全部通过之前所有挂科的课程考试，也顺利进入一家大型企业工作。

二、帮扶举措

对于部分挂科情况严重甚至存在被清退的风险的同学，我们通常会采用谈话的方式。联系学生家长，进行个别谈话，给学生讲道理，为学生加油鼓劲，说明问题的严重性。通过这些方式，虽然每次谈完后，他们会有所好转，但是坚持一周或两周后，又是老样子，多次谈话，毫无起色。

这时，必须充分发掘学生干部、学生党员等学生骨干的作用，建立朋辈帮扶工作机制。依靠学生骨干，通过班级组织，采取学生干部帮扶，定期提交帮扶情况记录；依靠党员队伍，借此加强对预备党员的考核，采取一对一帮扶的措施，帮扶效果作为预备党员在预备期的考核内容。通过这样的方式，每周党员和学生骨干也定期提交帮扶工作记录表，刚开始效果还不错，党员们积极参加，被帮扶对象也看似积极配合。但一段时间之后，党员们渐渐感到疲惫，失去耐心，有些帮扶对象挂科数量太多，又不积极配合，帮扶工作举步维艰，每周所交记录表也变成应付性的提交，效果也逐渐减弱。

多方思考之后，通过多次召开班会、党支书会议，征集同学意见与建议，要求各班无论如何要有针对性地想办法，针对每个帮扶对象，各班采取不同的应对措施。通过定期召开班长、党支书会议，汇报各班情况，发现了一些比较好的做法，如多对一帮扶、不同学科陪自习小组、辅导课程个人负责制等措施，党员和优秀学生的帮扶工作量减少了，积极性高了，帮扶效果也明显提高。于是，各班相互学习帮扶措施，我们也定期召开会议督促帮扶工作。

在这个过程中，针对性的方法有很多，其中最重要的是思想转变。要想实现帮扶效果，改变帮扶对象的思想显得尤为重要。针对以上几位案例的具体问题，通过采取以下措施进行针对性的帮扶。

案例一：同学 A

大一、大二期间，该同学没有意识到上课的重要性，基本每门课都没有上，在网吧或寝室里度过了宝贵的时光。平时成绩基本都无法得到，导致大部分课程挂科。而其严重沉迷于游戏，班上同学每次劝其上课都被拒绝，最终也只能睁一只眼、闭一只眼。

大三上学期开学时，在发现该生有严重的挂科情况后，我们和该同学的父母就他的情况进行深入沟通，并说明其情况的严重性，如果不加以改正，很可能被清退。这期间，在其父母的引导下，他也深刻地了解到自己大一、大二所做的错事。通过多次谈话和思想沟通，他深刻意识到问题的严重性，也答应从此不再玩游戏，并按时上课。

可是，大三上学期发生转变的过程并非一帆风顺。他虽然已经做到上课基本都到，课下作业也按时完成，但是因为敷衍了事并没有认真理解，大三上学期结束时依然有一门课程挂科。到了下学期，在室友的熏陶下，他坚持多看书、多理解，考前再集中复习，注重学习方法的选择。后来，他整天在图书馆一楼占座自习，终于在下学期一科不挂，在此期间也把以前的课程都补上了。

案例二：同学 B

该同学在大一时开始沉迷于看小说，对着手机满屏文字一页页翻过，甚至一度发展到不上课、废寝忘食、不下床的程度。之后他的注意力转向了游戏，痴迷到疯狂的程度。

意识到他的问题的严重性后，教师在班级层面采取了系列帮扶措施，但是所采取的措施似乎都显得无力。之后，便进行了一次次的深入谈话，班长、党支书也不断开导他，不谈前因，只谈现在继续下去的后果，希望激起他的信心和意志，当然这也起到了很好的效果，对他自身心态的改变有很大的帮助，他开始逐渐重拾信心。另外，在技术层面上，班上的不同学科陪自习小组启动了，大家轮换着有针对性地陪他出去自习，班上成绩优秀的同学利用自己擅长的某个学科，一人或几人负责一门课程，陪他上自习，总结课程重点，考前帮他分析试题。这种方式效果非常明显，他在大三一年把大一、大二挂的 14 门课程考试通过了 13 门，同时大三只有 2 门课程考试挂科，补考也顺利通过。现在该同学已经顺利毕业，并找到了一个不错的工作。

该同学在大一、大二的时候，喜欢长期待在寝室，导致沉迷于小说、游戏等不能自拔。不过，对其学习上的帮扶只起到辅助的作用，关键是他自己重拾信心和斗志。

案例三：同学 C

该同学的转变在很大程度上取决于同辈的帮扶和影响。在该同学出现学业问题后，班级党支部做了大量的工作。该同学是其班上学习问题最严重的一位学生，大二的时候家庭出现的一些变故导致多门课程考试挂科，而且有了厌学情绪，平时待在宿舍玩电脑，不去上课也不自习。最开始的时候，党支书采取的方法是约其出来吃饭聊天，希望能打开心结，可是后来该同学就不愿出来了，甚至都不接电话。后来，班级党支部经讨论，决定改变方法，在考试前约该同学一起自习。每次考试前两周左右，班上党员们就给她发短信，邀其一起自习，可是多次尝试都没有成功，该同学还是不愿接受这种形式的帮扶。这样的情况一直持续到大三下学期，她的状况改善不明显。

到了大四上学期，班级党支部里保研的同学有了很多空余时间，于是决定换一种方式帮助该同学。他们自己先针对性地复习了两门课，并总结了很多资料给该同学。截至目前，对该同学的帮扶起到了很好的效果，所有挂科的课程考试已经全部通过补考，顺利毕业，并找到了一份满意的工作。

三、指导过程

综合而言，针对三位同学的情况，我们通过采取系列措施帮助学生走出困境，其中尤为重要的是两个方面：一是注重内因驱动，实现思想转变；二是注重外力助推，实现行为转变。而在具体的工作举措上，主要从两方面着手：其一是利用辅导员、父母等力量，发挥个体辅导的作用，通过深入沟通的方式，发掘内因，解决思想上的问题；其二是利用室友、班级同学等，发挥朋辈辅导的力量，从外力着手帮助学生建立良好的生活和学习习惯，解决行为上的问题。

1. 注重内因驱动，实现思想转变

在面对学生出现各类学业问题后，我们首先采取措施发掘内因，也就是找出引发学生问题的主要因素。在这个过程中主要采取个体辅导的方式。通过多方面的调研，从与其父母沟通、与其室友沟通、与其班级同学沟通，以及与其本人沟通等渠道着手，逐步明晰其产生困境的原因。由于其有将近一年的时间处于比较封闭的状态，难以挖掘其内心的想法，通过多次深入交流，循序渐进，积极引导其吐露心声，才逐步了解到主要问题是因家庭变故产生的。因此，我们引导其主动倾诉、吐露心声，我们认真倾听，并引导其转变思维方式，彻底解决思想问题，当然这个过程需要一定的时间。

2. 注重外力助推，实现行为转变

在思想转变的前提下，重点在行为的引导方面，采取朋辈辅导的方式，并注重方法的选择。第一种方法为情感感化，以班级党支部为主要依托，由党支书带头采取措施主动与其交谈，其他成员陆续加入，利用同学情谊打开心结。第二种方法为学习陪同，在逐步加强交流后，开始在学习上增加交流机会，如考前陪同自习，建立多人自习陪同小组。第三种方法为方法辅导，以课程为中心，建立单课程的辅导制度，成立单课程学习辅导小组，如重点课程的辅导小组等，效果逐步明显。

四、案例思考

从以上三位同学的转变过程，我们可以深刻地看到思想转变的重要性。从敷衍了事到认真完成，他们掌握了大学课程学习方法的精髓，并能在这期间将生活和学习处理得游刃有余。帮扶着重于帮助其思想转变，而不是采用强制性的灌输方法，这一点很重要。因此，在开展针对学业问题学生的帮扶工作中，一定要注重因材施教，深刻认识到思想转变的重要性，而思想的转变重在通过内因驱动来解决。

学业指导要注重因人而异，重点发掘学生出现问题的内因，对症下药。而在指导方法上可以结合朋辈辅导、个体辅导等方法，效果明显。在具体的学业指导方法上，要注重三个方面：一是目标的明确，在这方面，家长、辅导员要相互协调，才有可能让学业困难者走上正轨；二是习惯的养成，包括思维习惯、学习习惯、生活习惯等，利用半约束的方式来引导，在这方面，朋辈辅导的力量不可忽视，同学可以发挥显著的作用；三是环境的影响，良好的校风、学风、班风是影响学生发展的重要因素，常常会潜移默化地影响学生的价值观和行为习惯。

要想让被帮扶者真正走出曾经的恶性循环，光靠思想上的改变是不够的，知与行可能存在不一致的情况，久而久之，也会慢慢懈怠。思想与行动相辅相成才能帮助被帮扶者走出困局。另外，高效的学习方法也是不可或缺的。

学业帮扶工作虽然旨在帮助学习困难的同学通过考试，但仅关注考试本身可能不够，多方面的帮扶工作才可能真正将他们引上正途，拨开阴霾，走上一条光明的道路。我们应该用心去关注每一个同学的发展，用心去指导每一个学生的成长！

基于生涯规划理论的学生发展指导工作方法

一、案例概况

T同学现在是一名大三的学生,他对所学的专业、大学生活和未来发展都有初步的了解,开始经常思考自己未来的发展方向,比如,是应该考虑直接就业,还是继续深造;如果选择就业是选择专业对口行业,还是跨专业就业,以及就业的岗位类型等。当然,还有一些对行业认知、自我认知等方面的困惑,思考得越多,烦恼和焦虑也越多。在反复思考这些问题后,他主动找过三位心理咨询师进行咨询,希望能够帮助自己解决困惑、摆脱烦恼,但是,效果一般,多次咨询后也未能完全解决自己的问题。

由于反复的思考和不明朗的未来,他时常感到非常焦虑,焦虑的点主要集中在几个方面:一是关于专业发展问题,不知道所学专业以后的发展方向,以及这个专业有哪些较对口的企业或行业;二是关于自我认知的问题,他认为自身性格上存在一定的缺陷,对社交有一定的焦虑和恐惧,因此怀疑自己如果未来的就业岗位是非技术路线,自己难以胜任;三是不自信的问题,认为自己未来不管是走技术路线,还是非技术路线,在事业发展中都会有很大的阻力;四是对未来发展方向的选择问题,就业还是继续深造,就业该选择什么行业、什么岗位。

基于此,他主动寻求支持,希望通过职业咨询,解除心中的疑虑,找到自身的定位及发展方向。

二、指导方案

针对该同学的问题,通过四次循序渐进的咨询,一点点让学生将问题倾诉出来,并针对性地提供解决策略,让学生进行深度的自我剖析和思考,明确了自我发展方向。

正式咨询之前,我们先让来询者填写一份信息收纳表,并与其约定初次咨询的时间。

1. 第一次见面

在初次咨询时间前,对来询者提供的信息收纳表进行仔细分析研究,思考以下问题:应该先了解T同学的哪些信息?应该采用哪些策略对他进行指导?应该分几次对他进行指导?T同学的主要问题集中在哪些方面?应该重点解决他的哪些问题?还有哪些问题是咨询不能解决,需要转介给其他机构的?在咨询的过程中应该采用哪些评估工具?笔者通过查找相关资料,不断熟悉GCDF&BCF(全球职业生涯规划师双证培训)课堂上所教授的相关咨询策略和测评工具,尽量让自己熟悉所学习的技巧和方法,从容地面对来询者,顺利地解决来询者的问题。

笔者在约定的时间之前,到达咨询室,等待来询者的到来。等咨询者到来后,开始第一次咨询,进行收纳面谈工作。

在咨询的过程中,笔者注重细节问题,如座椅的摆放位置、自己的仪态仪表等,让来询者感受到亲和力并放松下来,快速建立信任。在第一次咨询开始后,我们开始进行收纳面谈工作,这是初次咨询的核心内容。这次咨询的主要目的是与来询者建立关系,明确咨询的原则,收集来询者的信息,明确咨询需要解决的主要问题和目标,并且介绍后面的咨询流程。

在咨询开始后,来询者比较紧张,也比较急切地想表达自己的想法和问题,以快速解决自己的问题,笔者能感受到对方的焦虑情绪。所以,笔者引导他转移注意力,拉拉家常,让他多谈谈近期学习之余的生活等,尽量让他放松紧张的情绪。通过初步交流,笔者明确了他的内容属于咨询范畴,随后便告知其咨询的主要流程和保密原则等。

在相互初步熟悉,形成相对信任的关系后,他也逐渐放松了下来。结合他自己谈到的一些关于对未来发展的迷茫、对专业学习的困惑,以及迎接一年后自己的人生抉择等问题,笔者也谈了谈自己当年在他这个阶段的心情和感受,以自己当时类似的心情和感受去理解来询者的情绪和问题。通过这样的方式交流后,能感受到他对这次咨询有了初步的信心,也更愿意去分享自己的感受、表达自己的问题。由于他之前经历过几次咨询,当时效果一般,所以这次咨询的过程中,他比较急切地想说出自己的问题,进而解决自己的问题。他表达的方式不够平和,思路也相对不够清晰。因此,笔者主动引导他把一些主要的问题表达出来,如家庭成长情况、教育经历、大学经历、自己的主要困惑等。笔者一边耐心倾听,一边在适当的时候对他提出的一些问题进行提炼总结,让他更加明确自己的主要诉求。从他的描述中得知他的主要情况有以下两个方面。

第一,家庭情况方面。T同学的家庭成长环境主要是这样的:在他四岁时,父母离异,他从小跟随爷爷奶奶长大,之后父亲再婚,并生了一个女儿。家人对他倒是没有什么要求,但由于从小成长的环境,他本身对自己的要求很高,希望未来有很大的成就,大学以来也一直有很大的压力,但好像又没做成什么事。

第二,教育经历方面。他从小在小镇上长大,在镇上上小学,读书期间也担任过班长、学习委员等学生干部职务;初中就读于县城,读书期间也担任过学习委员;高中就读于岳阳市第一中学,没有担任过职务;大学期间,加入过学院的学生会,但没有进一步发展,只是参与了部分工作;还参与过一些社会服务工作,担任过武汉博物馆解说员,暂未参加过其他实习或兼职工作。

收集了一些主要的个人成长经历信息后,他的情绪也比较放松了,笔者开始引导他描述目前主要的问题,在引导他描述的过程中,采用了一些策略,如具体化策略,通过不断深入询问他的问题和诉求,逐渐明晰了咨询的目标。

通过首次收纳面谈,笔者帮来询者明确了这次咨询的主要目标,分为以下三个方面:帮助来询者认知自我;帮助来询者获得信息获取的渠道和能力;帮助来询者明确职业问题并做好职业选择,并制定科学合理的职业生涯规划。

同时,与来询者商定了咨询方案,向来询者详细介绍了整个咨询的流程和细节,初次咨询后,与来询者约定了后面几次咨询的时间。整个咨询的规划方案如下。

初次咨询,进行收纳面谈,收集来询者的相关信息,并明确咨询的目标。

第二次咨询,与T同学共同探讨出现目前问题的真实原因,同时利用非正式评估工具，帮助来询者进行自我认知，尤其帮助他明晰自己的性格（主题派对活动）、价值观（价值观分类卡工具）和技能（成就事件活动）。

第三次咨询，帮忙T同学获得职业信息的渠道和方法，让他明确未来就业市场的基本情况。

第四次咨询，结合前几次咨询的结果，利用决策平衡单等工具帮助来询者做好决策，进行决策分析，明确自己的职业选择和发展方向。在明确职业发展方向后，帮助来询者制定合理高效的职业生涯规划。

2. 第二次见面

这次先和T同学交流了上次评估的内容，再次明确了本次咨询的主要目标和问题。笔者告知来询者这次主要通过一些工具帮助进行评估，可能会采用一些非正式评估的方法或工具，如主题派对活动、价值观分类卡、成就事件等；同时，将几个工具的主要内容和大致的测试方法进行了讲解，让他对本次咨询有一个初步的认识。

接着，笔者主要是从帮他找到产生困惑和问题的源头着手，比如，关于他对专业发展的困惑，问他有没有通过一些渠道进行了解，他谈到自己也找了一些学长询问，但对自己的帮助还不够大；再比如，关于他对自身不够自信的问题，和他探讨了不自信的原因，他感觉自己也难以描述，还面露难色，所以笔者也没有继续追问。

为了帮助他更好地认识自己，解决他不自信和对自我认知的困境问题，利用了一些访谈策略和非正式评估工具。针对自我认知的几个方面，主要帮他明晰自己的兴趣、性格、价值观和技能；针对兴趣方面的认知，采用访谈技术；针对性格方面的认知，采用主题派对活动的形式；针对价值观方面的认知，采用价值观分类卡工具；针对技能方面的认知，采用成就事件活动的方式。

首先，为了帮助他明确自己的兴趣，笔者采取了比较轻松的访谈交流方式。笔者问："你一般会怎么度过假期或课后的时间？"他回答："一般会看看书，有时候会自己唱歌，用手机软件唱，或者偶尔会去KTV，偶尔也会玩一下游戏，感觉最舒服的时候是钻研智力类游戏或看推理小说的时候。"笔者又追问了一个问题："最近的一个活动，当时高兴的状态是怎样的？"T同学描述了自己在暑假期间和几个同学在方程式赛车队做了一个汽车模型的故事，他谈到当时和几个同学一起在炎热的暑假依然忘我地投入汽车的设计、加工、安装过程中，一点都不觉得累，反而很有成就感。由此可以看出，他比较喜欢研究类的事情，也比较喜欢一个人静下来思考。

其次，为了帮助他明确自己的性格特征，进行了一个主题派对活动。给他一张"志趣相投"的主题派对邀请函，这个邀请函有6个选项，T同学对6个选项进行选择，在每个选项中寻找与自己性格比较契合的关键词。T同学在每一项中画线，标出了一些关键词。活动结束后，笔者让他选择一个标记最多的选项，另外再找出2个比较的选项，分别是"2、1、6"。他标出来的内容主要包括"思考、分析、推理，喜欢和相同兴趣的人一起谈论""宁愿行动不喜多言，讲求实际""个性谨慎、踏实"。之后笔者对他分析了这几个选项所代表的含义，选择"2"比较多代表研究型性格，选择"1"比较多代表实用型性格，选择"6"比较多代表事务型性格。根据他的选择，他是一个"IRC"型性格的人，偏向研究型、实用型和事务型。

再次，为了帮助他明确自己的价值观取向，采用价值观分类卡的方式进行评估。笔者给T同学简要介绍了这个价值观分类卡的使用方法，让他按照"非常重视、有时重视、比较重视、很少重视、不重视"这几个类型排列分类卡，他思考之后做出了分类和选择；分类完后，只留下"非常重视"的选项，再对放入该选项的分类卡进行排序，把排在前面的5项挑出来，分别是"创新、实用性、挑战难题、工作和生活的平衡、独立"。从选择的结果来看，他个人在选择职业工作的方向上，比较偏向于一些实用性的、具有一定创新性和挑战性的工作，希望工作中能够实现"工作和生活的平衡"，通过价值分类卡的选择，他对自己的内心价值观选择有了更加清晰的认识。

最后，为了帮助他明确自己的技能水平，进行了成就事件活动。笔者首先让T同学写下5个自己的成就事件，成就事件符合两个基本条件：一是他自己喜欢的事情，二是对事件的结果感到自豪。他思考了一会，把自己的几件典型事件写下来了；然后他对其中两个事件进行了描述，包括"自己非常喜欢数理课程，在中考的时候，数学考试拿到满分""在大二学年，组织几个同学参加一个科创比赛，通过不断钻研，拿到了非常好的名次"。通过这些分享，笔者凝练出几个典型的个人技能/特质：动手技能、钻研技能、执着、敏锐等。在知晓自己的能力后,他明显更有信心了。这些能力/特质都将很有利于他未来的发展。

通过采取几项非正式评估的方法和访谈策略后,T同学对自己有了更加清晰的认识,这对于其之后进行职业决策和选择有较好的帮助。

3. 第三次见面

由于前期有了两次深入的交流,笔者对他有了更加深入的了解,为了解决他的问题,帮他顺利进行决策,还需要帮助他获得职业信息获取的渠道和能力。在前期的沟通中,初步了解到他对所学专业未来发展的方向和就业的渠道还不够了解,其本身也找过一些学长进行咨询,但是交流的效果不是特别好。所以,本次咨询的主要目的是帮助T同学获得信息获取的渠道和能力。

咨询开始后,笔者先与T同学交流这次咨询的主要目标和方法,帮他明确本次咨询是为了解决他"职业信息渠道的问题",让他明确未来就业市场的基本情况。

第一步,询问他主要是对哪些方面有问题,他提到主要是对专业方面的认识不清楚,不知道未来就业的方向、就业单位的分布、就业市场等。由于笔者对他所学专业有一定的了解,为了让他获取信息,笔者适当选取了一些主要信息进行分享,让他有一个初步的了解。

第二步,也向他介绍一些信息获取的渠道,最直接的渠道是利用假期时间进入行业企业实习,深入了解企业和岗位情况。此外,推荐其进行任务访谈工作,包括对校友、企业人士进行访谈等,间接了解行业或单位信息。然后,提示其通过网络渠道,搜索相关单位的官方网站,直接了解对应单位的信息;还可以参加学校组织的各类咨询会、交流会等,以及加入学校职业规划协会等组织,获得自己想获取的信息。

第三步,给他布置了一个作业,即通过以上一些职业信息获取渠道,查找自己所要获得的信息,在下次咨询中进行分享。

4. 第四次见面

经过之前的咨询后,来询者对自己的认知和对行业的认知都得到了提升。这次咨询开始前,T同学对上次咨询布置的作业进行了展示，在展示的过程中可以明显感觉到他轻松了很多，同时感觉到他对未来的发展更加有信心，并且急切地想知道应该如何决策，也想尽快规划未来的发展方向。

本次咨询也是非常重要的一个环节，就是帮助 T 同学做好决策，并制订行动计划。在咨询开始前，笔者与他交流本次咨询的环节和所采取的策略。

这次咨询采取的策略是使用决策平衡单进行决策，到底该选择继续读研，还是直接就业？笔者对操作步骤进行了详细介绍。按照具体的操作步骤，在事先准备好的白纸上，他分别把影响个人未来发展的主要因素列出来：收入、学历、发展、家庭、成就感等。随后，笔者让他对每一项按照 $-10\sim+10$ 进行赋分处理，赋分后对每个影响因素按照 $0\sim5$ 分进行权重赋分，赋分完成后让他将两个数值相乘，并将读研项和工作项的分数进行累加。从结果来看，读研的分数是 +45 分，工作的分数是 +8 分，能够明显看到他倾向于读研选项。这个结果出来后，他明显又轻松了一些，这说明结果切合他内心的偏向。但是，他又提到"怎么工作的分数这么低呢？"，从他的这个描述中可以察觉到，他对未来的工作还是有一定的期待，因此笔者建议他同时关注就业信息，为未来就业做好准备。

在做好决策后，要制定行动方案，采用"SMART 目标制定方案"原则，笔者先阐述了这个原则的主要内容，让他结合自己的实际情况书写了未来一年的计划。计划包括要实现的目标和每一个时间段应该完成的事情，通过认真梳理，他很清晰地知道未来应该做什么。

整个咨询结束后，明显看到他的变化，从忧虑到开朗，从不自信到自信，从迷茫到清晰，整个咨询帮他找到了未来发展的方向，也帮他获得了一些解决问题的渠道和技能。结束最后一次咨询时，他很感激地说了声"谢谢"。

三、案例分析

这个案例是基于生涯规划理论的学生发展指导，通过一套完整的发展咨询，循序渐进、由浅入深，逐步帮助学生找寻方向、明确目标。在整个咨询过程中，笔者采用了多种评估策略和工具，也比较顺利地帮助来询者解决了问题。结合这个咨询案例，将理论知识应用于实践工作中，取得了一些成功的经验。但是，同样也存在一些不足，主要体现在下面两个方面。

第一，分析能力不足，在来询者做完相关的非正式评估后，笔者不能及时并深入准确地帮他做好分析；第二，场面的把控的能力不足，比如，对咨询方向的引导还能进行优化。

四、案例启示

在这个案例的咨询过程中，注重了以下几点。

一是有效运用了生涯咨询理论，开展专业化的指导。运用职业发展理论与模型，包括CASVE循环、生涯发展理论等；运用助人技巧，主要包括具体化、共情、倾听式总结等倾听技术；运用评估技巧，包括主题派对活动、价值观分类卡、成就事件活动等非正式评估工具的使用；运用技能工具，包括决策平衡单等工具；运用各类社会资源，包括劳动力市场信息资源等。

二是注重因材施教的咨询理念，开展个性化的指导。每个学生的特点不同、成长经历不同、发展轨迹不同，在针对学生的发展指导工作过程中，一定要针对每个学生的特点进行差异化的思政教育供给。

三是以关注学生发展为导向，开展发展性的指导。所有咨询和指导的最终目标是帮助学生走出困境、明确目标、健康成长，发展性的指导尤为重要。要开展发展性的指导，应该深入分析学生个体的发展潜力、个人兴趣，进行科学的发展目标匹配，帮助学生明确未来发展方向，并提供过程性的支持。

第五章

案例篇·优秀学子的学习方法技巧

高校学风主要由学生、教师、学校和社会环境等几个部分相互影响而形成，学生置身于其中，会受到包括朋辈、教师、学校管理者、家庭成员、社会人员等多个群体的影响，关注高校学风的形成，需要考量多方影响因素。在高校的学风建设工作中，需要关注各类群体对学生学习观念、学习行为以及校园学风的影响，尤其是作为与学生个体朝夕相处的朋辈队伍，他们的观念和行为会直接影响学生个体的学习表现。从大量的个案中分析，我们会发现，优秀的学生往往有一些相同的学习习惯、学习方法等，可以进行深度挖掘、总结凝练和推广辐射。

下面，我们结合10个优秀学子的成长故事，深度挖掘优秀学子的好经验、好做法和好习惯，旨在总结和凝练出一套行之有效的高效学习习惯、高效学习方法，可供更多的学生学习和参考。

从10位学生的学习经验来看，有几个观点值得学习和思考：一是"专注、坚持"，也就是在学习过程中学习的投入度是否足够，是否具备克服困难的韧劲和耐力；二是"学习需要计划、合作、交流"，也就是学习过程中的团队协作尤为重要，尤其是要注重相互交流、研讨，在相互学习的过程中加深对知识的理解；三是"功在平时、学会规划"，也就是学习规划的重要性，尝试对长期目标、中期目标、短期目标进行阶段性的规划和回顾，有利于提升学习成效；四是"兴趣是最好的老师"，也就是要做好足够的自我认知，了解自己喜欢什么、想要什么，才能够激发自己内在学习的动力；五是"多看、多做、多问、多思考"，也就是强调要自主和主动，学习的过程是反复进行记忆加强和理解加强；六是"充分利用碎片化时间"，碎片时间往往是学生容易忽视的时间，把碎片化的时间利用好，进行一些需要长期坚持的学习活动，往往能发挥较大的学校成效；七是"明确自己的学习目标"，学习目标是指引学生成长的重要力量，部分学生的学习动力不足往往是来源于目标缺失、发展迷茫，因此需要鼓励学生进行自我目标的设定；八是"养成良好的学习习惯"，部分学生容易排斥学习计划的设定，认为学习计划的制定与实施往往需要耗费很大的精力，效果不佳，但从大量个案的经验来看，适当设定中长期学习计划往往能够提升学习成效；九是"实现精力与时间的合理匹配"，人的精力在不同的时间段呈现波动式变化，将精力与时间进行合理匹配，科学分配各类学习任务,可以有效提高学习效率;十是"在多维锻炼平台中提升能力",用好知识学习资源、广泛涉猎各类知识,用好实践锻炼资源、着力提升实践能力,用好人文历史资源、全面提升内涵素养。

优秀学子案例一：
谋定而后动，专注、坚持

一、前言

大学与高中有很多不同，学习模式、学习内容、评价方式都产生了较大变化，而这种变化往往会带来挑战。有些学生从小有较强的自我管理能力，而有些学生从小习惯被管教式的学习，这种差异性体现在大学的学习效果上，有些学生很快能适应大学的学习模式，有些学生就难以适应大学的学习模式，从容与迷茫、充实与空虚，不同的学生会经历不同的大学生活。不管面临什么样的学习环境和学习模式，唯有专注、坚持，保持清醒的成长目标和长久的学习热情，才能够应对诸多挑战和压力。

二、学生分享

本案例学生研究生期间以年级排名第一的成绩保送至清华大学攻读博士学位。竞赛方面，该生参加过华中地区数学建模比赛，获得二等奖；参加国际大学生工程力学竞赛，在亚洲赛区的比赛中获得特等奖，大二春季学期，受邀前往白俄罗斯参加国际大学生工程力学竞赛决赛，并在决赛获得二等奖。学生工作方面，该生在党建中心担任过两年人资部部长；在援之缘支教协会担任过两年人资部部长。个人经历方面，大一暑假期间，该生所在学校团队前往恩施支教，获得"优秀志愿团队"称号。该生个人兴趣爱好广泛，喜欢各种球类运动，包括足球、篮球、网球、羽毛球、乒乓球等，也很喜欢动漫、电影、电子游戏等休闲娱乐方式。

大学是人生中非常重要的一个过渡阶段，可以帮我们确定自己想要的生活方式。这个阶段的试错成本相对较低，因此我们可以尽情尝试不同的选择，找到最适合自己的生活方式。在还没有确定未来方向的时候，专注于学习总是不会错的，毕业后无论是选择读研，还是就业，都需要取得良好的学习成绩。学生在面临选择时，有时候会感到纠结和迷茫，这时候可以向前辈们请教，了解他们是如何面对并且解决这些问题的，这样我们在了解风险的同时，也可以了解到一些更好的解决手段。当我们有明确的目标时，也可以尝试了解一些其他的领域，在不影响实现自己目标的前提下，获取更多的信息，更全面地了解自己决定的道路是否正确。

认真对待大学生活，这很重要。从我们踏入校门的那一刻起，就要自己掌握自己的人生了，未来的路途只有靠自己对自己负责。唯有认真生活，才不会虚度光阴。

三、案例解读

"谋定而后动，专注、坚持"，这是这位同学给出的四年成长感悟，从这份成长经验中，我们看到了目标、专注和坚持的力量。

一是要明确目标，指引成长的方向。在成长的过程中，学会多尝试、多思考，不断找寻自我兴趣、找寻未来目标，有目标指引可以让自己成长得更有方向和力量。

二是要保持专注，沿着正确的方向长期耕耘。重大成果、重要领域的攻关往往靠的是几十年如一日的坚守，保持高强度的专注力，围绕重点方向进行持续攻关才能取得较好的成效。学习同样如此，针对一些重点课程、重要知识点，需要始终保持专注力，追求真理、严谨治学，才能学有所获。

三是要学会坚持，饱含对学习的热情。行百里者半九十，学习的过程不能急功近利、半途而废，要始终保持活力、饱含热情，才能有较好的学习成效。

优秀学子案例二：
学习需要计划、合作、交流

一、前言

大学教育模式和高中教育模式的不同点之一在于对第一课堂、第二课堂的安排上，第一课堂教育聚焦专业知识、学科知识的教育，第二课堂教育更加关注综合素质的培养。大学教育在第二课堂教育上的权重相对更高，更加注重发挥第二课堂的育人效果，开展理想信念教育、实践教育、体育、美育、劳动教育等，通过开展各类学生活动、社会实践、科技创新、体育运动、艺术活动等，全方位提升学生的综合素质，在第二课堂的教育体系中，尤其强调培养学生的合作、交流能力，在互动交流的过程中提升学生的综合素养。

二、学生分享

本案例学生从三个方面来总结自己的大学生活。

1. 学习有计划

我不是那种天天蹲在图书馆、自习室，日夜刷题的学霸，我也和很多同学一样，喜欢看小说、打游戏。所以，要想在较短的时间内获得更加有效的学习成果，这也许就与"学习有计划"息息相关。首先，我会尽可能地保证我上课时间段的学习效果。"上课抢前排、不在上课玩手机、跟着老师的节奏走"是我自认为的三大法宝。其次，课后自主学习时，我会在进入自习室之前对本次自习要完成的工作进行一次简单的规划，对每次的自习都提出一定的要求。那么，这些要求涉及哪些呢？如果是对当天学过的知识进行回顾和梳理，我就会这样要求自己，将今天的课件过一遍；如果是完成老师布置的课后作业，我就会在备忘录上这样写，完成具体作业的页码……这样对我来说会产生一种紧迫感，不至于会在自习室里无所事事。

2. 学习要学会合作

科研实验离不开团队合作，大学的理论学习同样离不开同学们的帮助。每个人都有自己的优势科目，也有自己的不足，所以取长补短是一个不错的选择。碰到一道难题，与其花半小时以上苦苦琢磨，还不如问问已经理解的同学，也许一个小小的点拨，就节省了大量的时间。与此同时，我们班还有考前复习会、一对一帮扶、集体自习等与学习相关的班级活动，在这些活动的带动下，同学们都可以互相讨论、互相学习，极大地提高了学习效率。

3. 学习要多交流

我所说的"学习要多交流"当然不是局限于同班同学之间的合作，而是与老师、辅导员、研究生班主任等"前辈"进行交流。与"前辈"交流，首先可以了解学科课程的复杂情况，比如，如果老师告诉你这门课程很容易挂科，是不是就应该引起注意，仔细学这门课程呢？对我来说，我充分利用了学院分配的导师资源。虽然导师主要是帮助学生科研，但是我在大一就与导师取得联系，虽然不能参加什么科研项目，但是在与导师的每月交流中，我受益匪浅，也许这也是我能够这么快适应大学生活的原因之一。

三、案例解读

"计划、合作、交流"，这是这位优秀学子带来的大学成功的经验分享关键词，学会制订计划、学会对外合作、学会互动交流，这些方法是有利于学生提高学习效率、优化学习方法的。

一是要用"有计划性的学习"实现有目标的发力。由于大学学习模式更加强调自主学习、自我管理，强调学习过程的计划性和组织性，通过制定长期目标、中期目标、短期目标，及时进行阶段性的回顾总结，并对成长目标进行及时修订，在这个"明确方向—制订计划—实施计划—回顾总结—修订计划"的过程中，更有利于加强学生对自我学习效果的评估和反馈。

二是要用"合作式学习"加深学习深度。在大学的学习环境中，学生会接触宿舍、班级、年级、学生组织、兴趣社团、科创团队等不同组织中的同学，在这些组织中学习和生活，同学们之间的学习观念、学习习惯会直接影响其中每个个体的成长。在大学环境中，加强合作式学习更有利于同学之间的相互学习，通过合作研讨、团队协作、结对帮扶，更有利于解决一些疑难问题、关键问题，更有利于加深对学习内容的深刻理解，从而提高学习效率。

三是要用"互动交流式学习"提升学习效率。在大学的培养体系中，朋辈、导师、校友等各方力量都是学生可以寻求的外在资源，在学生学习的过程中，大学教育体系会通过课堂教学、课外活动、讲座论坛、个体咨询等各种形式的教育供给来满足学生成长和发展的需要。大学的资源是丰富的、平台是多元的，而如何从这些平台和资源中汲取力量，则需要学生个体进行主动性的交流，去主动发现问题、明确需求、找寻资源、解决问题，在这个过程中实现自我成长，这就是互动交流式学习的重要性。

优秀学子案例三：
功在平时、科学规划

一、前言

大学学习不同于高中阶段的学习内容和学习模式，更强调规划性的学习和日常式的学习，也就是要注重"功在平时、科学规划"。在大学的学习环境中，可以接触更加多元的知识内容，也可以参与更加多样的学习活动，可以从课堂教学、科学研究、社会实践、科创活动、讲座交流、学术会议等各类渠道中汲取知识，因而更要注重科学规划自我的大学学习时间，合理分配学业、生活等，提高大学的学习效率。

二、学生分享

可能是因为距高中时期并不遥远，我对高中的学习还有一些印象，我的感受是大学的学习与高中很相似，当然也有许多不同。相似的是，要学好大学的大部分科目并取得不错的成绩，仍然需要继续用高中的一套学习方法。不同点有很多，比如，大学的课程科目多、学时少，内容难但考试直接，当然最大的不同还是大学有很多的课余自由时间，没有老师和家长的安排与监督，学习基本全靠自己计划。自己安排学习十分灵活，可以打破高中时期过于规律的学习，将娱乐与学习有机结合，但这也需要有一定的自控力，不然安排里可能只剩下娱乐。针对大学与高中之间的不同点，我也有几点学习方法和相关经验。

功在平时，学习上尽量不要总赶最后期限（deadline）。对于大学的大部分课程，尤其是微积分、大学物理之类的重点理工类课程来说，一定要注重平时的学习。这类课程和高中一样，时间跨度较长，学习的内容较多，考前突击复习往往很难做到学懂学通，因此平时循序渐进地学习十分重要。只有平时都认真学习，对各知识点都有印象，才能在考前复习时不乱阵脚，快速回忆起生疏的知识点。大学的作业布置时间跨度很大，大部分情况都是一个星期交一次，甚至学期末再交。这种情况下我一般不会赶在最后期限前才去做，基本上都会提前完成老师布置的任务。比如，微积分、大学物理等作业，我一般会在每次课当天就完成对应的作业内容，而不会在要交的前一天赶着将几次课的内容一起做完。而大学物理实验的课程安排在星期二，我会在上一个星期的周末就完成预习报告，而完整的报告会在做实验当天晚上写完，并于第二天也就是星期三提交到科技楼，不会出现实验前一天才写完上次的实验报告而这次的预习报告还没写的情况。对于工程制图这种时间跨度非常大的作业，我也会选择早早完成。工程制图上机作业我会在上机课后一两天内完成，不会拖到学期末再做。而MOOC作业我也会分散在每节课后做，MOOC期末考试我会选择在开始后一两天内完成而不是结束前一天完成。不在学习上赶最后期限，将时间跨度长、量大的作业分散在每天完成，是有效避免作业积压在一起的方法。分开做比积压在一起做耗时可能多一点，但完成质量会高很多，这样完成的作业才是真正有效的。

　　合理规划，做好预习和复习。预习和复习自然是很重要的，但是如果对所有科目都这样做不太现实，因此主要应该关注一些重点的科目。我在这方面做得最好的是微积分。微积分老师对课堂授课内容的把控十分精准，一节课就是一份PPT，并且每堂课的PPT都会提前下发，十分适合做预习工作。我在每次课前都会抽时间学习PPT上的知识点，并且视时间情况完成一部分的课上例题。因为老师会将答案附在题目后面，我做完题也可以自己及时对照批改。对于没有做出来的题和做错且想不清楚为什么错的题则可以做好标记，在上课的时候着重听老师分析讲解。大多数时候，课堂上例题的笔记并不能完全写完，同时PPT最后会有几道课后习题，上课的时候往往不会讲评。这些题目很多人会忽视，而我会在课后抽时间把没整理完的题目整理完，并且把没做的课后习题做完。整理笔记也是复习加深对知识点理解的过程，我认为还是十分重要的。作业里通常也有上课时的类似题型，在写作业前复习往往有不错的效果。

　　积极备考，做好充足准备。在我看来，期末备考不能像高中一样只刷题。因为大学和高中的考试题目有很大区别：前者往往只是检验你是否完全掌握相关的知识点，考试题目涉及知识点虽然多但是很直接，基本上掌握了知识点就会做；而后者考试题目很多时候拐弯抹角，不是很直接。因而，对于后者，更适合刷题总结经验，对于前者的话，复习好知识点比刷题更为重要。所以，我认为有效的期末备考应该始于对知识点的整理。对于微积分这种平时笔记做得十分详尽、学得也比较认真的科目，复习笔记即可，而对于工程化学计算机网络技术与应用之类的笔记不太多且平时花时间较少的科目，整理课本上考试范围内的知识点十分重要。整理知识点不能只对照学解（一个AI文档平台）上整理好的内容看，因为很多时候这些资料的知识网络比较陈旧，不适合现在的考试，甚至有时候用的教材都不一样。我一般做整理时会动笔写下来而不只是看，写出来比只看书更能加深记忆，并且在考试前一天晚上还可以看整理出的知识点进行复习，不需要看整本书。

总结来看，大学学习最重要的还是在于安排好课余的时间。安排好了这些时间，学习起来自然会轻松不少。

三、案例解读

要想大学生活充实、大学学业顺利完成以及大学期间全面成才，一方面来自大学期间的不断付出与努力，另一方面还需要开展有计划的学习。计划性、自主性、系统性、多元性，这些是大学学习模式的典型特点，要想获得大学的学业成功，需要理解并适应这几个关键词。

一是进行计划性学习，合理掌控大学生活。大学生活更加丰富多彩，计划性学习可以帮助自己有效克服惰性、合理安排学习内容、科学分配学习和生活的时间，从而更加科学地掌控大学生活节奏。低年级尽快适应大学生活、大二全面掌握专业知识、大三尽快明确未来目标、大四科学抉择未来发展目标，通过进行计划性的学习，让大学生活变得充实、高效、多元且有意义。

二是进行自主性学习，有效提高自主学习效率。自主性是大学学习的核心要点，相比于高中阶段的学习，大学会有更多的时间、空间可以进行自主安排，学生可以看书学习、参与科创活动、进行体育锻炼等，可供选择的事情更加多元，也就需要学生有较强的自我管理能力和自主学习能力，通过自主学习不断提高自我学习效率。

三是进行系统性学习，全面系统地建构自我知识体系。科学学习的理论强调学习要进行自主知识建构，大学可以接触各类知识，要想高效、科学地掌握各类学习知识，就要自主进行知识建构，进行系统性的学习，掌握系统性的知识体系。

四是进行多元性学习，实现德智体美劳全面发展。成为未来国家和社会发展需要的拔尖人才，需要全面提升自我综合素质和知识水平，不只是课堂学习和专业知识，德育、体育、美育、劳动教育同样不可忽视，而且应该加大在第二课堂的学习投入，让自己掌握更加多元的知识体系，具备更加多元的综合素质。

优秀学子案例四：
兴趣是最好的老师

一、前言

迷茫、没有动力、沉迷游戏、宅在宿舍……这些负面的词汇是部分大学生的生动体现。他们在大学学习中没有目标、没有动力、没有激情，找不到自己的兴趣点在哪里，找不到未来奋斗的方向，从而导致出现一些迷茫的状态，难以走出现有困境。学业预警、身体预警，各类问题随之而来，而这些预警信息的到来又导致学生个体的情绪更加低迷，从而导致心理问题的出现，不利于身心健康。而这些现象的出现，往往来源于一个点——兴趣不足，没有找到自我的兴趣点在哪里，没有挖掘出自我优势和潜力，没有找到未来感兴趣的事业方向等。

二、学生分享

在大学四年中只要不断探索，总会找到自己喜欢的方向。根据这个方向寻找专业书籍和公开课进行学习时，很关键的一点是要找一个能让自己有成就感的事情，比如，自主完成一个项目、达成一个小目标等，来使自己获得继续研究的动力，这样良性循环之后，自己的水平也会提高。如果在这期间遇到困难或瓶颈，建议上网搜索解决方案、查阅相关书籍、寻求同学或老师的帮助等，总会有解决的办法。

找到自己的兴趣点非常重要，身边有一些同学在大学期间过得很充实，都是因为找到了自己的兴趣点，知道自己喜欢什么、想要什么。有同学因为喜欢动手操作，将大量精力和时间放在科技创新活动中，也获得各类国家级、省部级科技创新大赛的大奖，成果丰硕，他的大学也因此过得非常充实；有同学特别喜欢安静地思考和探索，所以他把大量的时间放在实验室的科研活动中，本科阶段就做出了大量的科研成果；有同学特别喜欢与人沟通交流，在兼顾学习成绩的同时，积极参与各类学生活动，有很不错的学生工作经历，对自身成才有较大帮助。

无一例外，这些同学因为在大学期间找到了自己的兴趣点，过得非常快乐、充实，这就是"兴趣是最好的老师"的深刻体现。

三、案例解读

兴趣是最好的老师。重大成就的获得往往不是靠一时的坚持，而是来源于几十年如一日的坚守，而这种长久坚持需要有极强的兴趣作为支撑。怎样才能找到兴趣？怎么才能激发兴趣？

一是要进行有效的尝试与探索。大学学习中，有多种尝试和探索的渠道，帮助学生个体进行有效的自我探索，明确自己的兴趣点和发展方向。比如，可以进入科研团队学习，跟着团队进行科研训练，看看自己是否适合从事科学研究；又比如，可以进入职场俱乐部，了解企业的发展状况，以及企业对职场发展的能力需求，从而提前做好能力储备；再比如，进入科创团队，开展科创活动，在科技创新实践中，提升自我的创新意识、创新能力，探索未来是否适合创业。

二是要进行有针对性的知识积累和能力积累。在明确自己的未来发展方向后，可以进行有针对性的知识积累，为了未来的发展，进行多元知识学习，充分利用学校的各类课堂、讲座、论坛，以及图书馆、数字资源库等，全方位地提升自我的知识水平。另外，为未来发展全面提升自我能力，包括学术能力、创新能力、管理能力等，为未来的职场发展顺利储备足够的能力。

三是要坚持与坚守。在明确自我的未来发展方向、充分了解自我的兴趣点之后，在兴趣驱动的未来发展道路上，长久地坚持和坚守，持续攻关、有效探索，沿着正确的方向不断积累经验、积累知识、积累能力，未来一定能有所发展。

优秀学子案例五：
多看、多做、多问、多思考

一、前言

在学习科学理论中，强调"学习是知识的建构"，注重以学习者为中心，构建良好的学习环境。在学习的过程中，学生个体的自主性尤为重要，自主思考、自主探索、自主学习，通过自我的深入思考和学习，明确自己的发展目标，同时为未来的发展进行自主学习，找寻学习资料、探索学习方法、进行自主学习，也就是要习惯性地多看、多做、多问和多思考。

二、学生分享

对于大一到大二这一阶段的学习，最重要的是培养一个良好的学习习惯，具体可以概括为以下几点。

多看（书本＞课件＞网课）。通过书本学习、课件学习和网课学习来吸收知识，而吸收知识的优先级应是依次递减的。

多做（自习、做题、做笔记、归纳总结）。学习知识的巩固需要通过多练习来加强，主要通过自习、做题、做笔记和归纳总结来实现，而其中最主要的是归纳总结，这样可以加强对自己的知识体系的梳理和系统学习。

多问（问老师＞问同学）。只有通过多问才能加深对现有知识的理解，尤其是对于未理解的知识，更需要多问，问老师、问同学或学长/学姐，尤其是要主动问老师。

多思考（知识点背后的逻辑、课程的系统框架）。结合已学习的知识要主动思考，思考知识点背后的逻辑可以加深学习记忆，思考课程的系统框架可以加深对知识的理解。

三、案例解读

从这位同学的学习经验来看,"多看、多做、多问、多思考"强调的是自主性学习和反复加强学习记忆,从而提高学习效率。每个学生个体的性格特征、学习基础、学习目标都存在一定的差异性,要想找寻一种契合自己的学习风格和高效的学习方法,则要进行持续的探索和有效的实践。从这位同学的学习经验来看,有几点是值得学习和借鉴的。

一是要多看,自主找寻学习资源。大学学习相比高中及之前的学习阶段,会有更多的学习资源、学习平台可供选择,也会有更多的诱惑因素存在,如果不具备较好的自我管理能力,或者自律性不够,就容易陷入一些影响学业的事情中。在明确了自己的学习目标和学习内容后,需要去自主找寻学习资源,包括学校的图书馆、档案馆、电子资源库,各类课堂、讲座论坛、实验室等,以及学校的各学科专家。如果要获得学业成功,就要学会多看,主动去寻求学习资源。

二是要多做,反复训练尝试加深记忆。不管是学科专业知识、公共课程知识,还是科学研究工作,反复的训练、实践、实验等,可以不断加深记忆、加深理解。课程学习要注重探究真理、追求真知,只有进行反复的训练、思考和练习,才能够真正理解知识点背后的逻辑关系。科学研究要注重严谨治学、精益求精,也就是需要科研工作者针对科学研究问题进行反复实验、研究,以求达到最好的研究成果。因此,需要学会多做、多尝试、多实践,坚持在做中学的学习方法。

三是要多问,通过研讨交流加深理解。按照费曼学习法的经验,其核心思想是"用转述、教给别人的方法巩固自己的知识",也就是将吸收学习的知识转化为自己的知识,自主建构形成自己的知识体系。而这种自主建构的知识体系,需要通过反复吸收、思考、迭代和重构才能形成,在这个过程中,提问、研讨是一个非常好的学习方式,通过反复提问交流,可以加深对知识的深入理解和认识。

四是要多思考,举一反三提升学习成效。每一个学科知识都有一定的差异性,具有自身独特的知识逻辑,要想学懂、学通一门完整的课程,需要学会举一反三,也就是从现有知识点中进行有效拓展,多思考相关知识的共同点和内在逻辑,这样可以快速掌握同一类知识点或同一门学科知识,从而有效提高学习效率。

优秀学子案例六:
充分利用碎片化时间

一、前言

沉迷游戏、考前突击、宅在宿舍……这是少部分大学生的大学生活写照,由于缺乏明确的发展目标、迷茫而缺乏动力,他们不适应大学的学习模式、不明白大学应该在哪些方面努力、不知道如何有效利用大学的资源和平台,容易被其他事情所吸引,如网络游戏等。大学与高中学习模式的不同之处,关键在自我管理上,即如何自主安排自己的大学学习时间、充分利用大学的学习资源、掌握良好的学习习惯和学习方法,以取得较好的学习效果。在大学学习中,如果能充分利用碎片化时间来阅读、思考、练习,巩固已学知识、学习新知识,往往能提高学习效率,有助于促进学业成功。

二、学生分享

学会有效利用碎片化时间。在上课前和课间可以看一看课程书籍或其他辅导书而不是用手机刷视频、打游戏等。晚上回寝室后可以听听英语、阅读专业书籍或在网站上学习知识。

多在自习室自习。在自习室可以提高学习的自律性,而且学习环境良好,高效率地完成学习任务可以给自己留出更多的课余生活时间。而在寝室,除非室友很安静,否则基本上很难保持一个静心学习的状态。

充分利用好课间十分钟。刚下课时的课间十分钟,有什么不会的问题或不确定的想法,都可以与老师进行交流,老师们很愿意为学生答疑解惑。

学会平衡学习和生活的时间。不管未来规划是什么样的,现阶段最重要的都是学习，除此之外，我们还需要具备很多技能，有"硬件"如英语、计算机等技能知识，也有"软件"如沟通能力、组织能力、抗压能力等。我们可以通过参与学生工作、参加志愿活动、进行体育锻炼等来培养这些能力，明确这些目标后，我们便可以避免从众导致的时间浪费和面对不满意结果时的自我内耗等。

三、案例解读

高中阶段的学习和生活"被安排"居多，而大学阶段更多的是"自主安排"。"自主安排"就是要合理掌控自己的时间，课堂学习的时间、实习实践的时间、学生活动的时间、体育锻炼的时间，都需要进行合理分配，科学运用碎片化时间，从而达到较高的学习效率。在科学把握学习时间的过程中，需要坚持几个原则，即效率为主原则、目标导向原则和灵活运用原则。

一是坚持效率为主原则，不断提高学习的时间效率。每个个体的学习方法和学习技巧都存在差异，有些学生看似学得很努力，但是学习效果却不佳，有些学生看似学得很轻松，但是学习效果很好，这区别往往体现在日常学习过程中的效率和技巧上。比如，可以采用一些时间管理工具、一些高效学习技巧，让自己在较快的时间内进入学习状态，从而在较短的时间内完成学习任务。

二是坚持目标导向原则，结合不同方向合理学习。每个学生个体的未来发展目标是不尽相同的，有些以就业为导向、有些以学术发展为导向、有些以创业为导向，而每种不同的发展目标需要不同的发展路径。因此，需要结合不同的发展目标，进行合理的学习规划。在现有的学习时间中，需要有针对性地提升自己应对未来发展所需的各种能力，如应对职业发展所需的专业技能、组织管理能力、市场拓展能力等，可以在时间分配上，更多地通过参与一些实践性学习、学生活动来提升相关能力。比如，应对学术发展的目标，可以在时间分配上，更多聚焦科研活动，提升自己的学术素养；又比如，应对创业发展的目标，可以在时间分配上，更多聚焦科技创新活动，培养创新意识和创业能力。

三是坚持灵活运用原则，把碎片化时间用好。所谓灵活运用原则，就是要充分利用课间十分钟、睡前半小时、早上半小时等各类碎片化时间。也许从单次的时间来看，这些时间比较短暂，但是从长远的角度来看，利用好碎片化时间能够有效提高我们的学习成效。比如，利用课间十分钟，与老师交流加深对知识的理解和记忆，进行英语学习提高英语水平，进行简短的体育活动等；又比如，利用睡觉前的半个小时，回顾当天学习的知识，进行系统的思考和知识重构，从而加深对现有知识的记忆；再比如，利用早上半个小时，初步制订当天的学习计划，并温故前一天所学习的知识。通过充分利用碎片化的学习时间，系统学习好现有知识并自主建构自己的知识体系。

优秀学子案例七：
明确自己的学习目标

一、前言

近年来，考研人数逐年增加、考研压力逐年增大，2021年377万人报考，较2020年增幅10.56%，2022年457万人报考，2023年474万人报考。据调查了解，学生选择考研的主要原因包括：就业压力大，想增强就业竞争力而选择考研；为了完善自身知识结构，提升自己的综合素质；想在学术上继续深造等。在毕业生的毕业选择中，有一种"缓就业""慢就业"的现象，毕业生中出现"二战"甚至"三战"的情况，盲目选择考研而迷失方向。而这些现象的出现，主要是因为大学生没有明确的未来规划，盲目而随大流，从而出现各类问题。因此，大学生明确未来的发展目标，制定合理的大学规划显得尤为重要。

二、学生分享

学会认知自己，并制定发展目标。大学期间最重要的事情就是找好自己的人生目标并为之努力奋斗，大一新生刚进学校可以先不着急对自己的人生设定框架，在学习积累一段时间后，对自己和学校都有一定的了解后，再对自己的大学和未来的生活进行规划也不迟。同时，要了解自己的兴趣爱好，了解自己的兴趣和能力可以更好地帮助选择自己以后的研究方向和职业发展方向。

学习计划一定要量化。比如，今天完成第几章的学习/作业/复习，学习几个小时。将细化的任务做好记录，既能提醒自己，完成后也会有成就感，如写在便签、便利贴上。定期反思最近的学习情况，思考超前/未及时完成任务的原因，再灵活调整任务的时间分配。

学会适当"忙里偷闲"。奖励完成目标的自己，积极给自己正反馈。比如，在完成一个学习目标时，奖励自己一顿美食、买一件好看的衣服、看一部电影等，从而适当调节自己的学习和生活状态。

三、案例解读

学习目标是学生学习的重要风向标，只有明确了目标，才能进行学习计划的制订，才能按部就班地去完成学习目标，在这个学习的过程中，目标、计划、执行都是关键，每一步都需要合理安排并持续完成，才能达到较好的学习成效。

一是制定明确的"目标"，这是获得学习成功的首要条件。每个学生个体的未来发展目标是不尽相同的，需要结合自身特点、外在环境进行科学分析，深入了解自己的性格、兴趣、能力等，结合自己的兴趣导向、能力导向进行目标设定，同时也需要结合外在环境条件，进行科学分析，从而妥善设定未来发展目标。

二是完善学习"计划"，这是促进学习成功的重要内容。在确定了未来发展目标后，需要制订适合自己的学习计划。学习计划需要有可达成性、激励性、科学性，也就是学习计划不能远高于自己可执行的能力，在努力的情况下可以完成的计划才有效。要设立阶段性的激励机制，在完成一定的目标后，可以为自己设定一定的奖励，激发自己的动力。同时，要注重适时修订学习目标和学习计划，在阶段性完成一定的学习任务之后，要学会实时回顾学习进度及目标达成情况，学会修订自己的学习计划，保障学习计划的可操作性和科学性。

三是推进工作"执行"，这是实现学习成功的关键环节。在制订学习计划后，最重要的是执行和落实，也就是能够按照学习计划有序推进，这是获得学习成功的关键。学习计划的执行，需要有较强的学习执行力、自制力，要学会把握好自己的学习节奏、学会科学地分配好自己的时间，还要有较好的耐受力和韧性。

优秀学子案例八：
养成良好的学习习惯

一、前言

近年来，很多高校在开展学生"学霸笔记"的评选活动，展示出一份份字迹工整、条理分明、逻辑清晰的学习笔记，在带来震撼之余，更多的是给我们带来关于如何开展高效学习的思考。几年前，一份"清华学霸的作息时间表"广为流传，我们看到一个优秀学生的学习计划表格，几乎精确到每半个小时的日程安排，学习、锻炼、休闲，每天的日程安排得既充实、又高效。然而，是不是所有学生都适合制作精细的学习计划表？这就需要结合每个学生个体的性格特征来做分析，精细的计划不一定适合所有学生，但是养成良好的学习习惯是大学学业成功的一个非常重要的因素。

二、学生分享

学习要有良好的习惯。学习要学会总结归纳，包括课后归纳和考前归纳，课后归纳以理解和积累新知识为主，考前归纳则针对题型，以应试为主。课后及时复习总结，知识掌握得更牢固，而且到高年级后，所学的科目还要用到之前学过的知识，如果之前学得扎实，那之后学习相关科目时效率也会更高。

学习要有技巧性。当晚计划好第二天的任务，准备好电脑、书本、文具等；学习时将手机放书包里或倒扣放在桌面；进入状态一般需要15～30分钟左右，坚持住这段时间；课本知识繁多，可使用思维导图软件帮助理解，这样逻辑也会清楚很多；时间专注类软件有Forest、番茄TODO等。

学习要有整体性思维。在大学学习中要遵循整体性原则，把各种知识作为相互联系的整体来对待，对任何知识的理解，都是建立在已有经验、知识基础上的。不要把大学里学的课程当作孤独的微分子，实际上有心观察的话，任何知识都不是单独存在的，它的存在和应用必然会联系到其他方面的知识，比如，我们可以用某些基础物理学的观点来解释所在学科的专业知识。

掌握自己的学习节奏。注重对知识的理解，我们不应该以分数作为评判标准，而应该看自己是否学懂了知识，只要学懂了知识，成绩就只是一个附加品，不应该把成绩作为学习的最终目标。注重同学间的合作，同学之间的讨论会打开个人的思路，收获不一样的视野。学会耐得住寂寞，有独立思考的习惯与能力，自习的时候应该静下心，不要被其他人和琐事打扰。

三、案例解读

养成良好的学习习惯，有助于激发学习兴趣、提高学习效率、获得学业成功。而养成良好的学习习惯需要从几个方面着手：兴趣导向、科学学习、系统思维，即以兴趣为导向激发学习的内驱动力，以科学方法提高学习效率，以系统思维自主建构知识体系，有效学习知识、吸纳知识和建构知识，从而获得学业成功。

一是坚持兴趣导向，提高自主学习的内驱动力。一位优秀学子这样总结学习经验："找到自己完成任务的驱动力其实才是众多方法中最有效的"。可见，兴趣是激发学生学习动力的核心因素，当你找到学习知识的兴趣点，以及有明确的未来发展目标，也就会有源源不断的内驱动力出现，也就更容易去主动寻求知识、学习知识和获取知识。因此，在养成良好的学习习惯的过程中，首先应该找准自己的兴趣点，不管是专业学业、课程选择，还是就业选择，都要契合自己的兴趣来开展。

二是坚持科学学习，使用适合的高效学习方法。科学的学习方法，就是要找准学习的技巧、找准适合自己的学习方法。以学习计划为例，有些学生的性格适合按计划来实施，比如，制订非常详细的学习计划，每天的日程可以排得非常精确，精确到半小时内的学习计划，也很习惯用计划来约束自己的学习行为。但是，也有部分学生非常不适应学习计划的约束，仅制订学习计划便带来很大的难度，这类学生更多的适应粗线条的时间计划表，可以制定阶段性的发展目标。以学习方式而言，有些学生喜欢用听的方式来学习，有些学生喜欢用讲的方式来学习，有些学生喜欢用讨论的方式来学习，存在听觉型学习模式、视觉型学习模式、动觉型学习模式等不同类型，所以应该根据不同类型的学习风格，采用不同的学习方法。

　　三是坚持系统思维，掌握建构知识体系的能力。系统学习思维就是要学会用"系统思维"对知识体系进行建构，不同的知识之间存在一定的联系，同一类型学科知识之间存在一定的逻辑相似性，因此可以采用系统思维对现有知识体系进行自主建构，从而达到高效学习的目标。掌握系统学习的方法，首先要具备自主知识建构能力，也就是将所学的知识内容进行全面的吸收接纳，转变为自己的知识体系，这就需要有很强的分析能力和逻辑能力。

优秀学子案例九：
实现精力与时间的合理匹配

一、前言

有些人喜欢晚上学习，有些人喜欢早上学习，每个人在不同时间段的精力是不同的，在不同的精力状态下，学习效率也就存在差异。之所以存在不同时间段的学习习惯，一方面来源于个体的精力差异性，另一方面来源于个体学习习惯的差异性。而不同类别的课程学习难度是不同的，需要耗费的精力也就不同。因此，提高学习效率，需要掌握时间与精力高效匹配原则，找准学习时间与个人精力的合理匹配点。

二、学生分享

注重学习计划。要明白在学习中刷题是有效的，但要避免大量低水平的重复刷题。打好基础之后要敢于探索难题，向更高的领域去迈进。周一到周五对新学的内容要及时复习和巩固。周末在巩固本周学习内容的基础上要对下一周将要学的知识进行有针对性的预习。用状态好的时间做耗费脑力的事，留下不那么耗费脑力的事在状态不好的时候做。

利用好课余时间。关注有价值的自媒体账号，可以学到很多有价值的内容，利用好课余时间充电。

保持规律的生活。规律的生活作息是身体健康和正常学习的前提。每天在晚上12之前睡觉，而且每天中午坚持午睡，以保证一整天的听课效率。这些听起来可能平淡无奇，可是对大学生来说，真正落到实处没那么容易。刚刚高中毕业，学生的自律性还不够强，进入大学后突然没有了家长的管束，很容易陷入废寝忘食打游戏而荒废学业的境地。所以，管理好睡眠，是管理时间、管理自我的第一步。

注重劳逸结合。一直处于一个高效的学习状态是不现实的，丰富多彩的课外知识可以娱乐身心、增长见识，所以适当参加活动也是很有必要的，要注重劳逸结合。当我们真正参与其中，才能明白活动的乐趣和意义，调节我们的状态。大学生活是一个不断认识自己的能力、考验合理安排各种事情的能力的过程。在不断的尝试中，我们不仅能体验到大学生活的丰富性，而且可以找到自己精力的上限，弥合自己能力的不足，并且拓展学科知识。可以坚持运动，比如，跑步；还可以多听新闻，了解世界和国家发展的新趋势。

三、案例解读

实现高效学习，掌握时间与精力的匹配技巧是一种有效的方法，能够帮助学生高效利用时间、合理分配时间、提高学习效率。要实现时间与精力的合理匹配，就需要提高自己对时间的掌控能力，以及管理好自己的精力状态，学会合理取舍、提升精力、科学规划。

一是学会合理取舍，结合知识的难易程度进行合理分配。课程知识有难易之分，要掌握一些高难度的知识点，需要耗费大量的精力和时间，在时间充裕且精力充沛的条件下学习，才能达到较好的学习效果。而有些知识需要通过长时间的积累，如语言学习，可以通过碎片化时间来进行积累性学习。因此，可以结合所学知识的难易程度进行合理分配，比如，在晚上睡觉前、课间十分钟进行语言学习等需要长时间积累的学习活动，在晚自习时间段进行难度较高的专业课程学习。

二是学会提升精力，劳逸结合，加强学习与活动的结合。保持好的精力状态可以不断提高自己的学习效率，最好的保持精力的方式是劳逸结合，也就是加强学习与课外活动的相互融合。在学习时保持高度集中的学习状态，在课外活动中积极参与各类活动。

三是学会科学规划，提高对时间与精力的契合度。按照时间管理的四象限原则，可以按照紧急程度、重要程度进行差异化区分，对于紧急且重要的事项，需要立即去处理，对于重要但不紧急的事项，可以按计划去执行，对于紧急但不重要的事项，可以委托他人处理，对于不紧急且不重要的事项，可以尽量减少处理。按照和精力管理的四象限原则，可以将时间充裕程度、精力状态情况划分为四象限，在精力旺盛且时间充裕的情况下，可以进行一些难度高且需要耗费大量时间的学习活动，在时间充裕但精力不足的情况下，可以进行一些不重要且需耗费时间的学习活动，在精力充裕但时间零碎的情况下，可以进行一些需要长期积累的学习活动，在精力不足且时间零碎的情况下，可以进行不重要且机械性的学习活动。按照以上时间管理和精力管理的四象限原则，学生可以将每天的学习活动进行合理的区分，在合适的时间和精力匹配的条件下，科学进行合适的学习活动，从而达到较好的学习效果。

优秀学子案例十：
在多维锻炼平台中提升能力

一、前言

应对未来的职业发展，需要多维度的能力来支撑，专业知识、组织能力、管理能力、协调能力等都是应对未来发展的重要能力基础。专业知识是基础性知识，能够满足未来就业岗位上基本的工作要求，但是要应对更多挑战，则需要具备更加全面的能力和素养。掌握这些技能，需要在大学生活中参与更多锻炼平台，比如，学生活动、兴趣社团、科创活动等，多维锻炼平台能够帮助学生掌握更加全面的职业能力。

二、学生分享

体会知识和科研的联系。逐步摆脱大量重复刷题的学习方法，腾出时间去做技术积累（学编程、专业软件、数学建模、科学实验等）和经验积累（进课题组），或者更深层次地学习理论知识（需要借助专业资料）。

学会主动获取信息资源。课题组导师、高年级学长、相关领域自媒体账号、图书馆资源等都是获取专业方向的选择、能力培养的方法、课程学习的经验、课外自学的内容等相关信息的途径。每周固定几个时段专门学相关专业内容，着眼于能力培养。

加强阅读，涉猎更多知识。可以多读一些有关历史文化的书籍，去了解一些不同时代的艰辛，明白太平盛世的来之不易；可以去了解一下"两弹一星"的历史，明白老一辈科学家呕心沥血；可以去了解一下改革开放的历史，去感悟一下思想解放后国家日新月异的变化。同时，还可以去阅读一些关于心理学和哲学的书籍，明白真正的幸福应该来自自我的内心，而不应该来自别人的评价。通过阅读此类书籍，我们既充实了自己，填补了心灵上的空虚，也让我们明白学子应有的责任感，那种对国家富强应有的责任感。

三、案例解读

个人能力的提升需要有平台、资源等条件支撑，大学里有很多宝贵的资源可满足学生发展的需要，要学会主动挖掘、有效运用、融会贯通，让自己在大学学习的过程中真正掌握知识、提升能力、快速发展。在这个过程中可以有效运用大学中的三类资源：学习资源、实践锻炼资源、人文历史资源。

一是用好学习资源，广泛涉猎各类知识。大学里有丰富的教育资源，除了第一课堂的教学平台外，图书馆、讲座论坛、网络资源等都是学生可以广泛应用的资源。学生可以充分利用学校的图书馆资源，阅览书籍、探索未知，图书馆可以满足知识学习的基本要求；可以充分利用讲座论坛资源，大学有丰富的科学精神讲座、学科专业讲座、创新创业讲座等，这些都是汲取营养的重要平台；也可以充分利用网络资源，比如，各类免费的专业软件等其他线上资源，这些都为知识学习提供了有力的支撑。

二是用好实践锻炼资源，着力提升实践能力。"把论文写在祖国的大地上"，体现的是知识学习的实用性导向，聚焦解决实际问题来学习，因此，实践性学习、创造性学习是提高学习成效的重要方式。在大学的学习活动中，为了进一步提高学习效率、提升综合素质，可以通过积极参加学生活动、社会实践、科创活动等来实现，在参加学生活动的过程中提升组织协调能力，在参加社会实践的过程中提升实践工作能力，在参加科创活动中提升创新力和创造力。

三是用好人文历史资源，全面提升内涵和素养。大学除了有丰富的学习空间外，更重要的是拥有宝贵的人文资源。一方面，教师的言传身教，除了知识传授外，更重要的是价值观和品德的影响，潜移默化地影响受教育的学生；另一方面，办学历史和文化的渲染，一所大学在长期的办学实践中形成的历史和文化基因，会深刻影响大学的校风和学风，因而影响每一个学生个体。因此，应该全面吸纳学校宝贵的人文历史资源，全面提升内涵和素养。